きものの不安をスッキリ解決！

きものの「**しきたり**」がわかれば、「**日常**」でも自由に楽しめる

髙橋和江
Kazue Takahashi
たかはしきもの工房

河出書房新社

もくじ

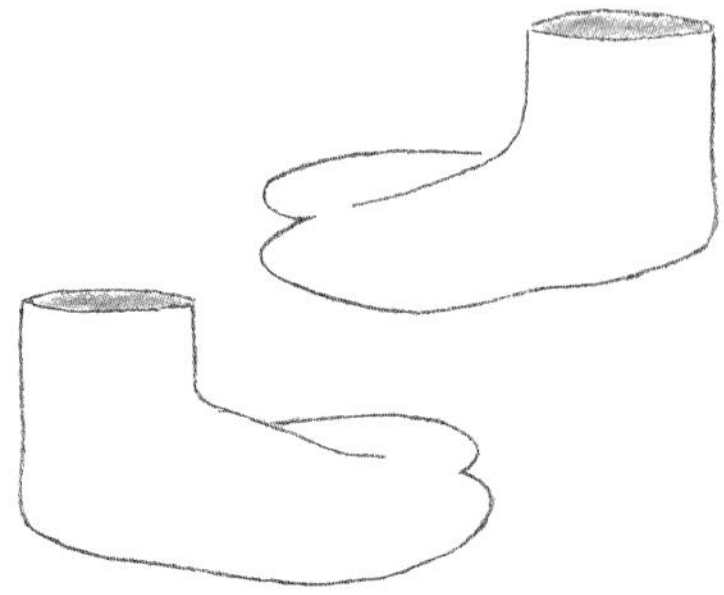

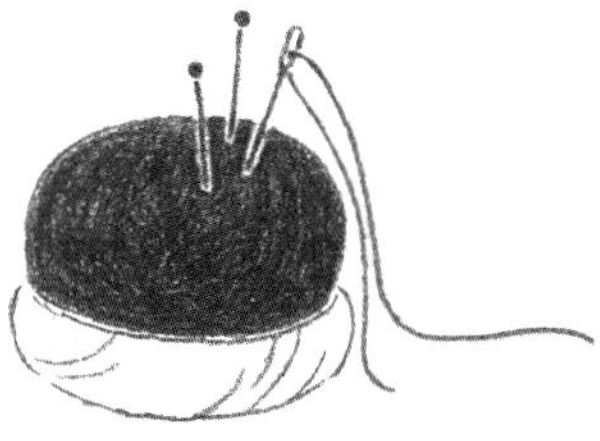

きものナビゲーター
髙橋和江です
私は皆さんに
「きものについてお伝えしたいこと」が
あります

仕事柄、全国各地できものユーザーの方々と会ったり、声を聞いたりするのですが、おどろくほど多くの悩み事や相談事があります。その内容は、私の本業の肌着やお手入れではない、きものを着るときに迷うこと、いわゆるルールといわれることに関連する相談や質問であふれています。

その根底には、「きものはこうでなければいけない」「〜を知らなければ恥ずかしい」という強い思い込みがあります。

昨今、普段の暮らしのなかできものを着て楽しむ人たちが増えています。やっと、ファッションとしてのきものが市民権を得てきたと感

じています。それなのに、実際は思い込みでがんじがらめになってい
る人のなんと多いことか——。
なぜだろう？　いつからきものはこんなに堅苦しいものになったの
だろうか？　よくよく分析してみるうち、それはしきたりに則《のっと》って着
るきものと、日常のきものをごっちゃにしているから、という判断に
至りました。日々の暮らしのなかで、気軽に着る「日常きもの」を楽
しみたいのに、「しきたりきもの」に縛られ、悩んでいるのです。そ
の理由は——「日常きもの」が暮らしから離れ、きもの自体が特別な
ものとして位置づけられた時代が長かったことと、憚《はばか》らずに言えば、
「しきたりきもの」一辺倒で、そんな売り方をしてきたきもの業界に
も責任があると思っています。
いつからか私には、この、きものの呪縛を解かなくては！　という
明確な使命感が生まれました。呉服・京染悉皆屋《しっかいや》の女将というより、
40年きものを着て過ごし、きものと時代の変化を目《ま》の当たりにしてき
た私がお伝えできることがあると感じたのです。初心者や上級者とい
ったことに関係なく、きものをより身近なものにするために必要と思
うことを私なりにナビゲートしたいと考えました。
様々な考え方があると思いますが、ちょっとおせっかいなきものナ
ビゲーター・髙橋和江が、きものの呪縛を解き放ち、「日常きもの」
と「しきたりきもの」の違いを明確にご案内できればと思います。

きものナビゲーター・髙橋和江が
この本でお伝えしたいこと

「日常きもの」と「しきたりきもの」を分けて考えましょう

きものはむずかしい、不安、自信がないと感じる人が多いのは、「日常きもの」と「しきたりきもの」がごっちゃになっているからです。両方をしっかり分ければ「日常きもの」はシンプルに楽しめるし、「しきたりきもの」の整理もできます。

まずは、自分が悩んでいることは「日常きもの」についてなのか、「しきたりきもの」についてなのか、そこから考えてみましょう。それだけであなたの迷いや悩みのいくつかが消えるはずですよ。特に、衣服に求める快適さを我慢して、「しきたりきもの」の枠組みに収めるべきかどうか、悩む人が多いと感じます。暑い、寒いも含めて、「日常きもの」で我慢すべき点はないのです。

というと、「しきたりきもの」は我慢するもの？　それとも「しきたりきもの」のセオリーは不要なもの？　となりますが、いいえ、もちろん違います。「しきたりきもの」は「日常きもの」と着る趣旨、目的が違うのです。できない我慢をする必要はありませんが、基本は相手に合わせるべきと考えます。「しきたりきもの」がもつ、相手を慮《おもんぱか》る美しい決まり事やきものの美意識は、残すべきと考えています。

この本では、私が考える「日常きもの」の自由度と、「しきたりきもの」の規範（ルールではありません）をお伝えしたいと思います。

日常きもの

着る人＝自分が自由に楽しめる
ファッションです
**ルールではなく、暑い、寒い、
心地よいという体感を**
優先させてよいのです

季節の呪縛

コーディネートの呪縛

単衣《ひとえ》と袷《あわせ》の呪縛

素材の呪縛

日常きものは自分のために着る、自分基準
気持ちも体も、自分が心地よく
楽しいと感じられればOK

しきたりきもの

着る人の自由を
持ち込む場ではありません
相手を第一に考えましょう
その上で自分も大切にしましょう

相手に対して失礼にならないか考える

素材や仕立てなど、ムリのない範囲でセオリーに沿う

祝い事や悲しみ、祈りを表すと考える

着るものに合わせて小物を選ぶ

しきたりきものは
相手のために着る、相手基準
お祝いや礼節の気持ちが伝わる装いの
型があります

では、なぜ、いつから日常きものとしきたりきものがごっちゃになったのでしょうか？

戦前

「日常きもの」と「お出かけきもの」

「しきたりきもの」は明確に分けられており、

「日常きもの」は生活着でもあり、自由でした。

現代では「お出かけきもの」は
「日常きもの」のなかに取り込まれています。

戦後〜昭和40年頃

洋服の生活が日常になり、きものは
日常から離れたものになりました。
冠婚葬祭や入学式、卒業式など、
特別なときにしか着ないため、
きものが特別な衣装という認識が定着します。

↓

（売る側の問題）
きものを着なくなった半面、
物のなかった時代の物欲、きものへの憧れ、
嫁入り道具としてのきものの価値は
増していきました。
また、売る側は敏感にそれを察知し、
「持っていないと恥ずかしい」という
刷り込みなど、巧みにその路線を敷きました。
きものはこの時点で、着るためのものではなく、
売るためのものに変わったのです。

ひと言で言えば、
着る側の戦後の経済活動による
高度成長期の物欲と、売る側の都合で、
特別なきもの＝「しきたりきもの」の
ルールだけが強調されて
いまに至っているということです。
双方の思考に偏りが
あったのだと思います。
だから、整理し直せばいいのです。
皆さんもこれがわかれば、
「なーんだ」と、自信をもって
きものの呪縛から
自由になれるのではないでしょうか。

昭和後半〜平成

「日常きもの」のニーズがなくなり、
きもの市場は冠婚葬祭をはじめとした式服、
いわゆるフォーマルな「しきたりきもの」に
偏るようになりました。
その際のセールストーク、
「単衣の時季は単衣じゃないと見苦しい」などが
すべてのきものに
適用されるようになりました。

⇐

令和(いまここ)

本来、「日常きもの」では
気にしていなかった事柄も、
「しきたりきもの」に沿って
適用されるようになり、その結果、
現代では「しきたりきもの」が
すべてのきものの
ルール、決まりとして
認識されるようになりました。

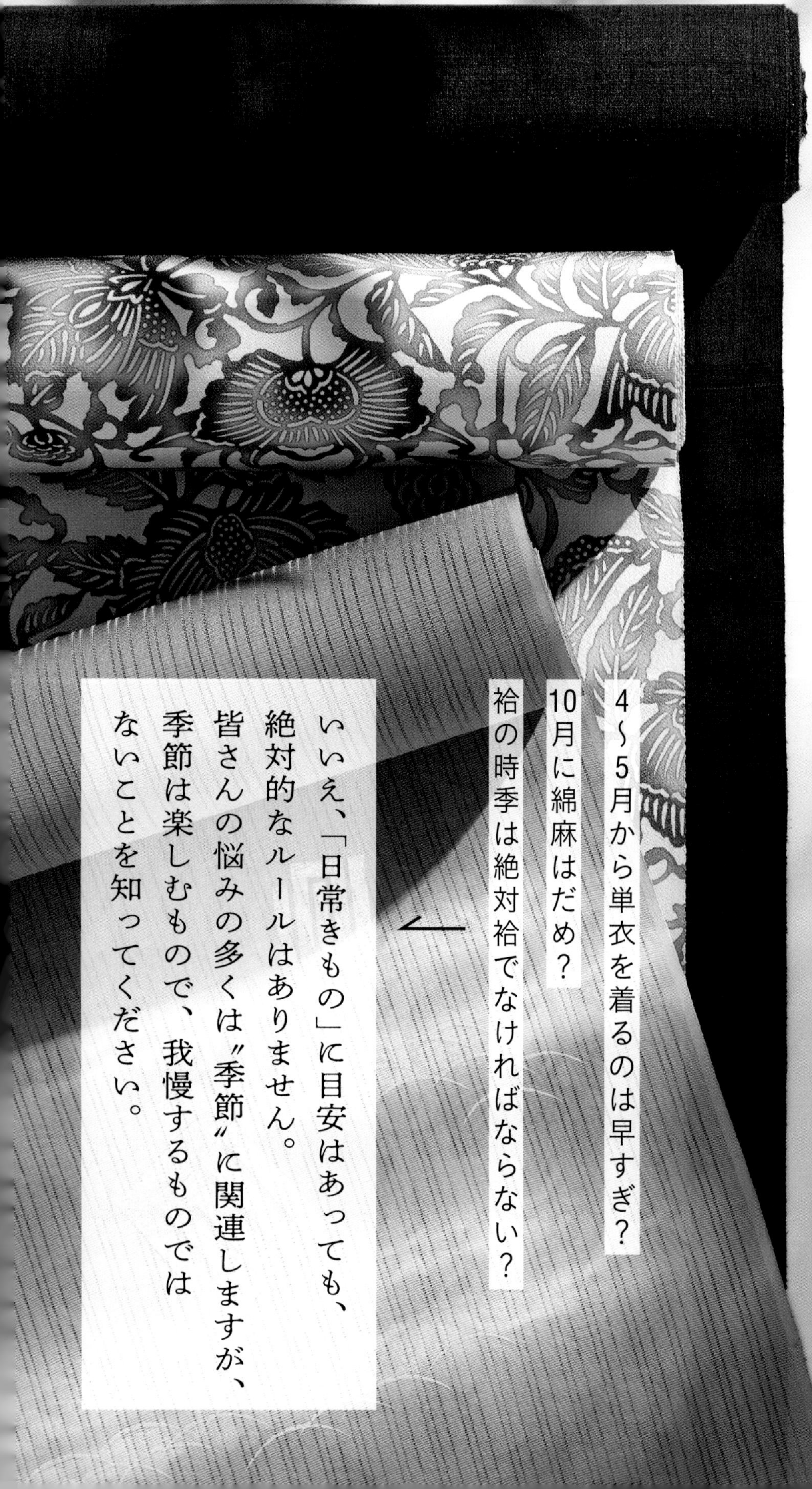

第1章 日常きもの

季節の呪縛を解く

4～5月から単衣を着るのは早すぎ？
10月に綿麻はだめ？
袷の時季は絶対袷でなければならない？

いいえ、「日常きもの」に目安はあっても、絶対的なルールはありません。皆さんの悩みの多くは〝季節〟に関連しますが、季節は楽しむもので、我慢するものではないことを知ってください。

1
季節と素材

きものの楽しみのひとつは豊富で美しい素材。しかしそれがきものを選ぶ楽しみより、迷い、悩む要素になっていると感じます。特に暑さ事情で迷う方が多い。確かに素材によっては着られる限度はありますが、「日常きもの」では柔軟な活用でいいと考えます。そのために知っておいたほうがいい素材の基本を取り上げました。

2
季節と仕立て

お悩みで大変多いのが、この単衣と袷の問題です。特に素材と同様に暑さに関することで、暑くて単衣を着たいけれど我慢して袷にしているという方のなんと多いこと。昔、「日常きもの」はそこまで単衣・袷という仕立てで着る時季を厳密に区切るものではありませんでした。ここではその季節と仕立てについてナビします。

3
季節と肌着

きものと襦袢はセット、と思っている方が多い。もちろん襦袢もきもののおしゃれの醍醐味のひとつですが、襦袢を省略することも可能なのです。手入れの手間を減らすことで、「日常きもの」はもっとラクになります。

4
季節と柄

この柄はいつから、または、いつまで着られますか？　という質問もあります。季節と連動する柄は、その柄の表現の仕方で旬として着るものと、そこまで気にしなくてよいものがあります。それを判断する基準をナビします。

5
季節と小物

コーディネートで必須の帯締めや帯揚げ、草履などの小物。これが意外と落とし穴で、ミスマッチな用い方をしているケースがあります。おしゃれを楽しむために、最低限知っておいたほうがいい合わせ方の基準をお伝えします。

日常 ▶ **「日常きもの」**について の説明

しきたり ▶ **「しきたりきもの」**について の説明

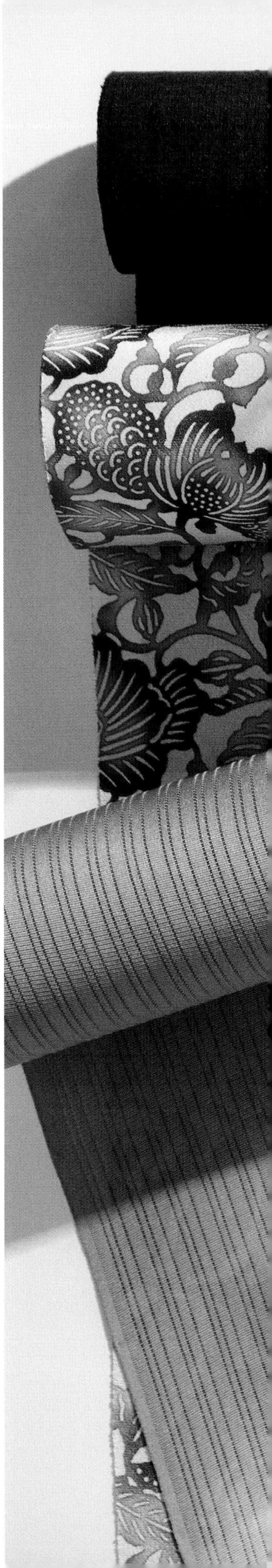

1 季節と素材

薄《うす》物《もの》は秋冬に着ない程度の常識でOK

高橋和江ナビ

日常

極端な暑苦しさや寒々しさを伴うものでなければ、どれでもよいのです

しきたり

セオリーが基本
私は主催者を立てる心遣いをしたいと考えます

「日常きもの」は、極端な暑苦しさや寒々しさを伴うものでなければ、好きなものを着ていいと思っています。しかし〝どの程度〟好きに着ていいのか、そこも迷うところですね。ここではその判断の助けになる素材の基本と、私が考える基準をお伝えしたいと思います。

私は絹が大好きです。絹は光沢が美しく通気性や保温性にも優れており、素材としての上質さが際立っていますが、お手入れが悩ましいですね。木綿は生活と肌に寄り添う自然な風合いが心地よいですし、夏の麻は手放せません。綿や麻は天然素材で、自分で洗えるという利点があります。そして、最近進化し続けているポリエステル。絹の特性を望むことはできませんが、手入れがラクというメリットはあります。

「しきたりきもの」においては素材より留袖、訪問着という、きものの種類が優先されるので、気をつけてくださいね。

絹・ポリエステル

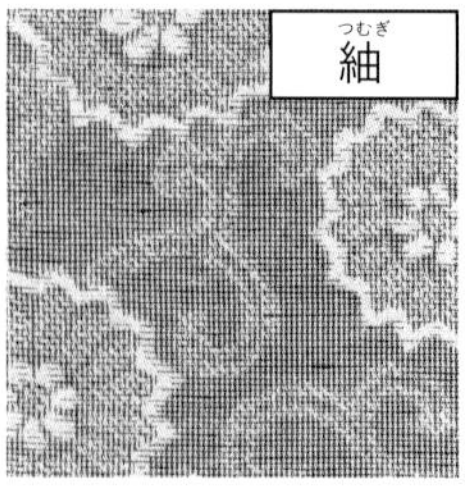

繭から引いた糸(生糸)ではなく、繭を広げた真綿の状態から引いた糸(紬糸)を使うので、節があります。

ウール

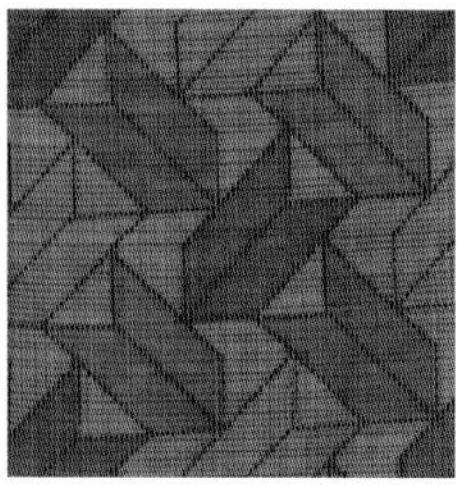

ウールを素材としたきもので、裏を付けない単衣仕立てで着ます。透けるサマーウールもあります。

綿麻

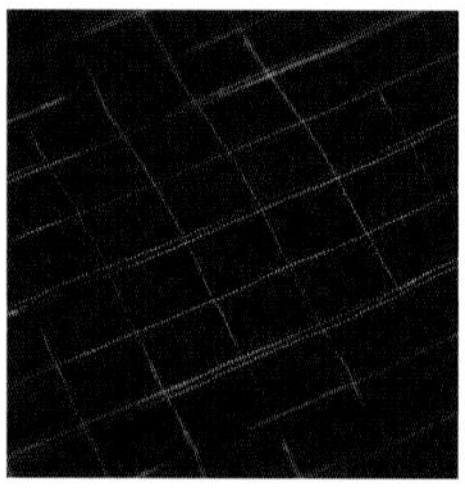

綿と麻を使用した素材。単衣の時季と盛夏を通して着られ、かつ洗える素材として、近年普段着で人気です。

木綿

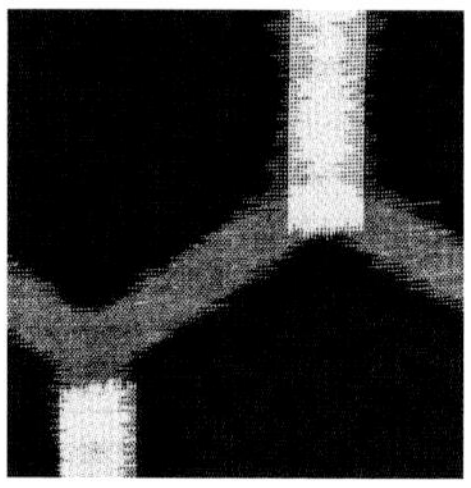

ゆかたなど、染めで柄を表したものと、絣で柄を織り出したものがあり、後者は産地ごとに特有の個性があります。

麻

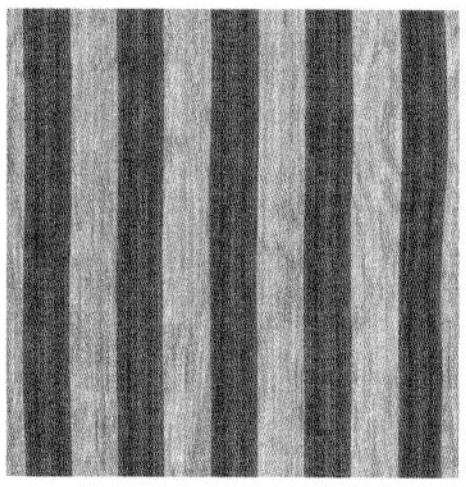

麻を材料とする透け感のある涼しい生地。麻100%以外に、異素材を使った綿麻や絹麻もあります。

基礎編

同じ素材でも織りの違いで着る季節が変わってきます

素材の基本　12ヶ月のなかで

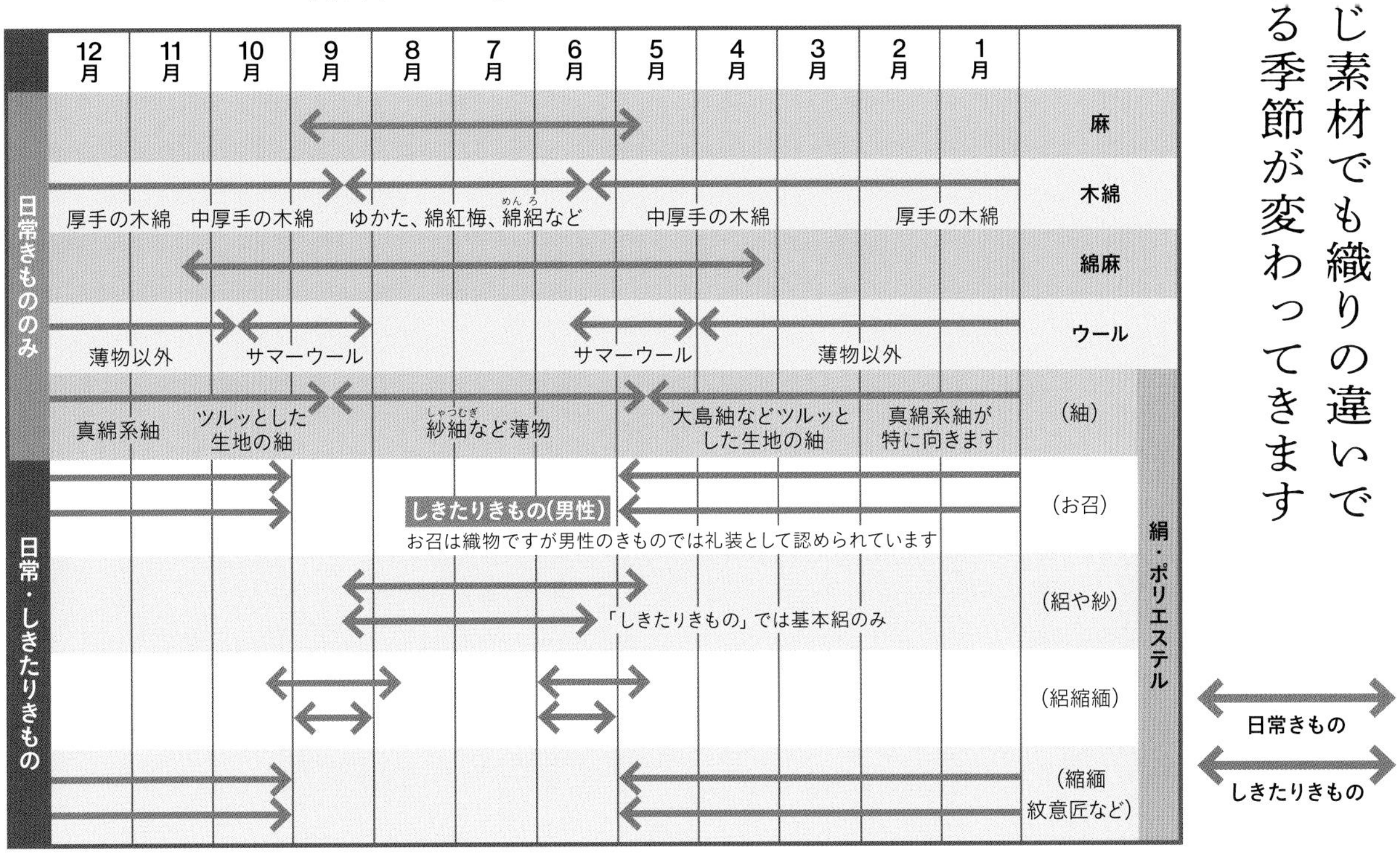

きもので用いられる素材

絹、麻、木綿、綿麻、ポリエステル、ウールなどが主流です。ほかに各素材の混織・混紡などもあります。このなかで、主に夏物とされている素材が麻と綿麻です。絹とポリエステルは織り方の違いにより春夏向き、秋冬向きがあり、同じ素材でも体感や見た目の印象が変わります。木綿は産地ごとの特徴があり、厚み、地風の違いで着る時季が異なります。

織りの違い

同じ素材でも織り方が違うと地風がまったく異なります。シンプルながら丈夫な平織りを基本に、様々な柄を地紋として表す紋織り。それぞれ糸の種類や技術の違いで、夏ものから秋冬ものまであります。また、夏向きの透ける織り方では、絽と紗、紅梅があります。これは正確に言うと、絽織り、紗織り、紅梅織りという織りの名前。絹だけでなく、綿や麻、ポリエステルなどにもあります。

縮緬《ちりめん》

シボと呼ばれる凹凸があります。秋冬向きで種類が多く、ほっこり・ふんわりしている生地として人気があります。

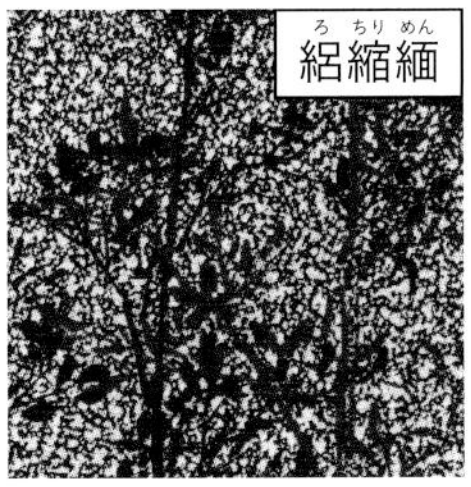

絽縮緬《ろちりめん》

緯糸に普通の絽より強い撚りをかけた糸を使った夏織物。絽より厚みを感じられるので、盛夏を避けて着られます。

紗《しゃ》

絽より透け感のある夏用生地。織柄のある紋紗や紬糸を使った紗紬なども。「しきたりきもの」では着用しません。

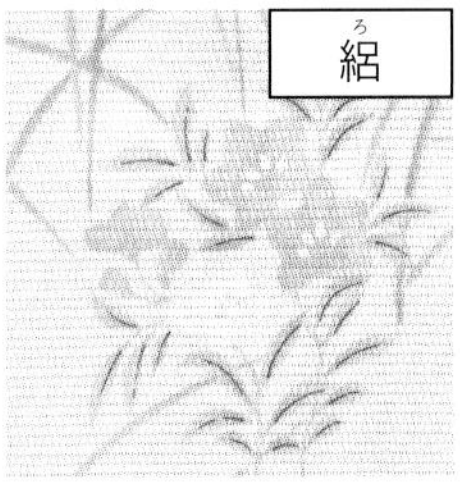

絽《ろ》

絽目と呼ばれる隙間がある透ける生地。夏の礼装は絽が正式(日常用でもOK)。綿絽、麻絽は主にゆかたや襦袢用。

お召《めし》

強撚糸を使った織物で、シャキッとした風合いが特徴。織物ですが、男性なら「しきたりきもの」として着られます。

季節と素材の目安

髙橋和江ナビ

日常
薄物だけ、大きな季節のズレを避ければ大丈夫

しきたり
相手と場所を考慮した上でなら柔軟な対応も

髙橋和江が考える しきたり 絹かポリエステル 染物	髙橋和江が考える 日常	従来のセオリー	
袷	寒い時季は薄物を避ける	袷	1月
			2月
			3月
	基本、なんでもいい		4月
単衣　袷			5月
単衣 紗袷　絽縮緬		単衣	6月
薄物 絽		薄物 絽・紗・麻	7月
			8月
単衣　絽縮緬		単衣	9月
袷　単衣		袷	10月
袷	寒い時季は薄物を避ける		11月
			12月

※従来のセオリーは「日常きもの」「しきたりきもの」とも特に仕立てを重視（p16～参照）。

「日常きもの」と素材

「日常きもの」では気軽に着られる素材がいいですね。私自身は絹が好きなので、絹だから特別とは考えず着ますが、「日常きもの」のよいところは洋服同様、自分が着たいものを着られる点です。そして「しきたりきもの」より、選択肢が広いところもウレシイところです。「しきたりきもの」ではNGでも、「日常きもの」でNGの素材はありません。極端に暑苦しい、寒々しいと感じるものでなければ、体感温度と心地よさを優先してよいのです。ここで紹介するのは、私が実際に着ている素材です。

- **絹、木綿、麻、綿麻など、すべての素材がOK**
- **薄物は5月から9月後半でもOK**
- **ただし絽はいかにも夏の雰囲気の〝絽目〟が目立つので、5月は避ける**
- **木綿は地の厚みと、透け感がどの程度かで季節を判断**

「しきたりきもの」と素材

正統の「しきたりきもの」で、麻や木綿を着ることはありません（裃《かみしも》などでは麻が正式とされますが、ここではそういう特殊な装束は取り上げません）。基本は絹かポリエステル。ポリエステルは意外かもしれませんが、素材のページの冒頭でお伝えした通り、「しきたりきもの」は素材よりきものの種類、つまり、留袖、訪問着、または紋が付いているなどの〝かたち〟が大事なのです。そのかたちであればポリエステルでも問題ありません。夏物も同様で、「しきたりきもの」では絽を正式としています。「なぜ？」と言うのではなく、「しきたりきもの」は、日本人として共有しているセオリー、美意識に沿うことが大事で、ここで「着るものの自由」を押し通す必要はないと考えています。

- **素材は絹かポリエステル**
- **夏物の素材は絽を選ぶ**

Column

「ひとえ麻」のこと——「日常きもの」

私は天然素材が好きで、とりわけ絹と麻が大好きです。暑がりの私にとって麻は、大げさに言えば夏場の救世主です。涼しく、自宅で洗えて扱いやすい。問題となりやすいシワも霧吹きで濡らせば、かんたんに解消するなど、何ひとつ悪いところはありません。強いて言えば、繊維の固さがあり、肌が弱い人には不向きな場合があるくらいでしょうか。4月も半ばを過ぎると夏のような暑い日がある昨今。私は麻を盛夏に限定せず着用したいとずっと考えていました。これを読んでいらっしゃる皆さんは、単衣は着ても麻までは——と思われるかもしれません。以前の私もそうでした。しかし、それならば新しくつくってしまえばいいと思い立ちました。少し生地が重め厚めの麻で、透け感を抑えるために無地ではなく小紋柄で、その柄も安っぽくないように本物志向で……というように求めていき、4月5月の単衣の時季にも着られる麻、「ひとえ麻」の開発に至りました。

これで何を言いたいかと言いますと、きものを着るにあたっては、天気、気温、湿度などの体感に直結する気象条件がとても重要なのに、きものを着る人は自分の快適さや体感に蓋をして、セオリーやルールに操作されることが多いということです。私自身も「麻」に対しての季節の固定観念がありました。しかし「日常きもの」としての快適さを求めて「ひとえ麻」に行き着いたのです。「日常きもの」のなかの「開かずの間」を開放すれば、皆さんの快適さを介添えする、もっと多様な素材やアイテムが生まれてくると思います。

※「ひとえ麻」は単衣を着る時季に着られるような、地厚の麻地を用いた「日常きもの」のひとつとして提案したきものです。

2 季節と仕立て

袷と単衣をルールで考えない

高橋和江ナビ

日常

「日常きもの」は自分が快適であること 単衣を着ることを怖がらないで！

しきたり

セオリーに沿います
季節の境目で迷うときは
主催者に近い人に聞きましょう

きものユーザーの方々からよく聞く話題が「単衣を着るタイミング」です。体感温度で自由に着ていいのですよ、と私はお答えしています。実際、いまは単衣を「体感温度で着る」ということが徐々に広がっていることを感じます。そう、元々日常のきものは自由だったのに、約束事に沿う「しきたりきもの」のルールが、「日常きもの」にももち込まれてからがんじがらめになっている気がします。この項では、仕立ての種類を説明し、それらの基本を識《し》った上で、袷でいい人はいままで通りに袷で、暑がりの人は早くに単衣に切り替えてはいかがでしょうか。あえて言えば、単衣は通年着てもよいのです。「日常きもの」は自分が快適に楽しめればよいのですから。

　しかし相手に礼を尽くす「しきたりきもの」はある程度のセオリーに沿うことが、その礼を表すものと考えています。着たいものを自由に着る、という場ではありません。

　そこの見極めを識るためにも、まず皆さんが悩む境目を検証します。そして「日常きもの」では境目を飛び越え、「しきたりきもの」では失礼にならない判断の基準としてください。

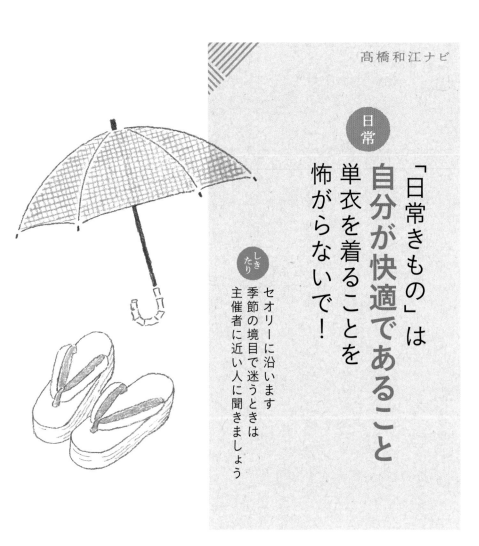

基礎編

素材と仕立て方の違いを整理しましょう

単衣は裏地のない表地だけの仕立て。袷は裏地のある仕立てです。薄物も裏がないので当然、単衣仕立てです。しかし、薄物は着る時季を基準として単衣と分けて扱っています。

本来袷は温かく着るための仕立てですが、空調が発達した現代では、逆に暑さを緩和するために、胴抜きという特殊な仕立てが生まれました。裏地の胴裏を抜き、表から見える八掛けだけを付けるというものです。

同様に、昔は袷の時季は襦袢も総裏が普通でした。いまは袖だけを袷仕立てにして、これを「無双袖《むそうそで》」、半分だけ二重にした袖を「半無双《はんむそう》」と言います。

そして通年単衣でOKなのが綿とウール。どちらも地厚なものは冬用として選ぶといいかと思います。

袷《あわせ》

表地に「胴裏」(上部)と「八掛け」(下部)の裏地を付けた仕立て。ちらりと見える八掛けがおしゃれのポイントになります。

衿裏(広衿のみ)

衿に付ける裏地。衿裏は袷、単衣、薄物、すべてに付けられますが、棒衿、バチ衿には付けません(次ページ参照)。

胴裏《どううら》

胴に当てる裏地。胴裏は「付き」という重さの単位で測ります。14付きは普通、16付きは厚めになります。オススメは14付き以上です。

八掛《はっか》け

腰下に付ける裏地。色見本帳で選びますが、好みの色を別注することも可能。写真のようなぼかしが多いのは表地に裏地の色をひびかせないため。

季節

10～5月がセオリーですが、「日常きもの」としては「肌寒さを感じたら」でいいと思います。

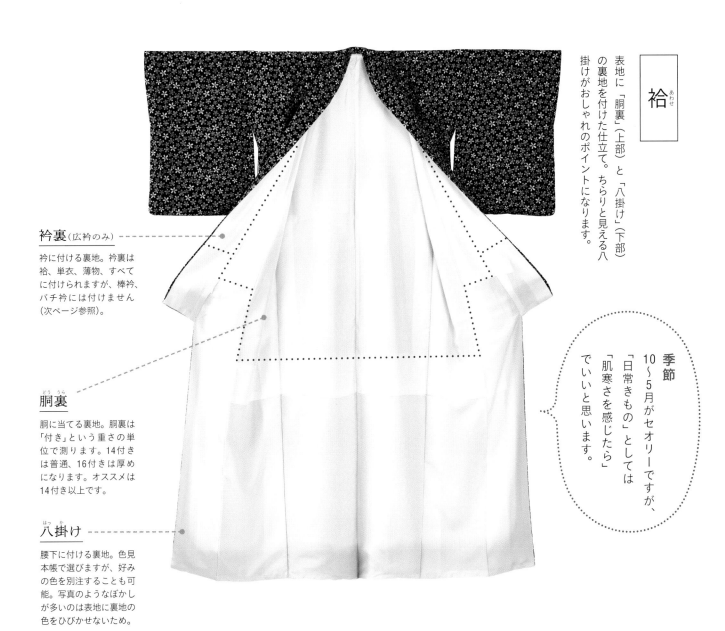

胴《どう》抜《ぬ》き

袷のカテゴリーになる仕立てですが、暑さを緩和するために、胴裏を極力付けず、袷に見えるようにした仕立て。

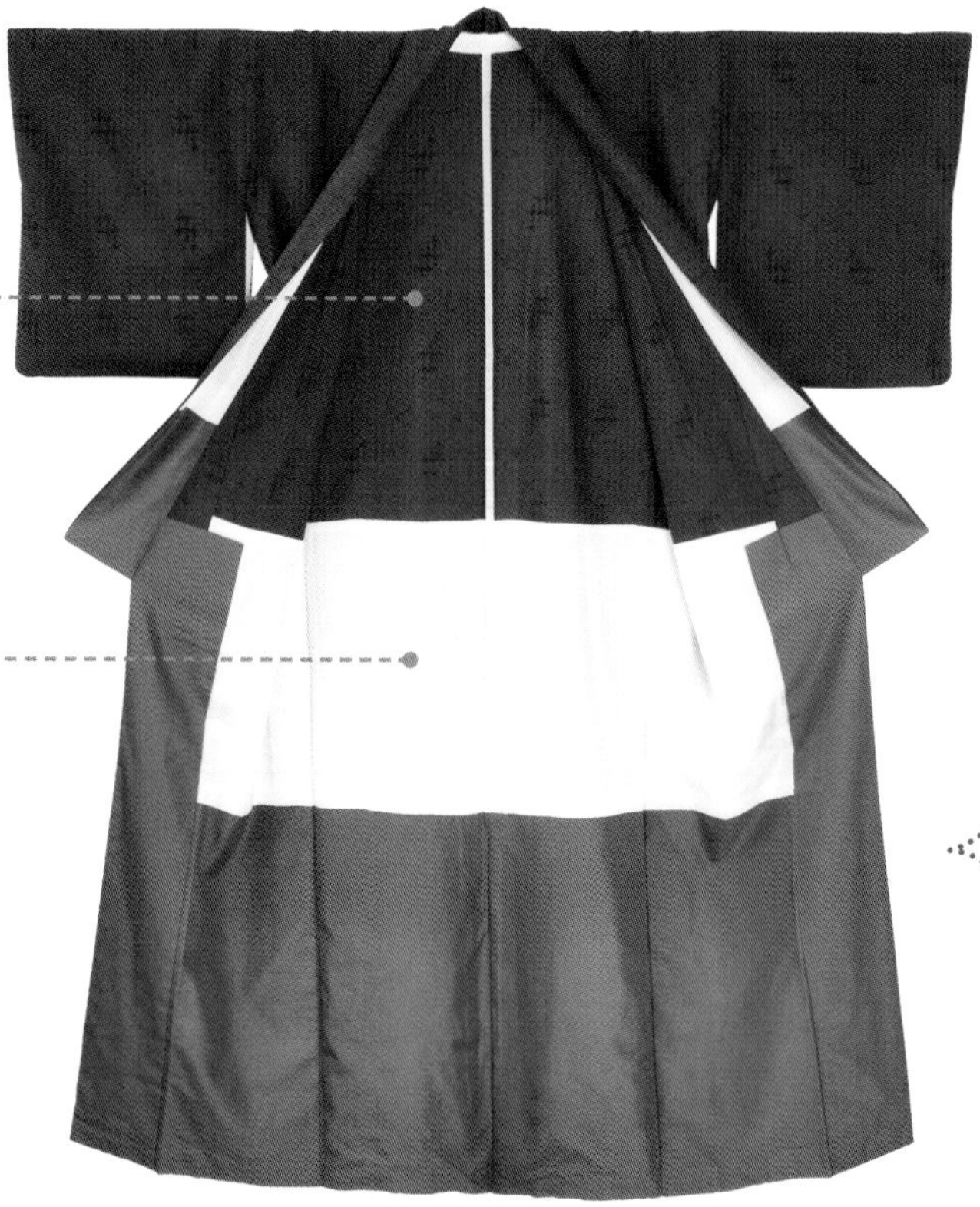

胴裏なし

本来は胴裏という裏地を当てる部分ですが、この裏地を付けないことで暑さを緩和します。

当て布

かつては八掛けのみ(茶色の部分)を付けていましたが、くけた縫い目が表にひびきやすく仕立ての難易度が高いので、昨今は尻部分にも当て布をします。

季節

袷に準じます。暑がりの人には便利です。

衿について

幅が広く、折って着付ける衿を広衿と言います。きものの多くは広衿ですが、半分に折って衿先だけやや広げたバチ形に仕立てたものをバチ衿と言い、「日常きもの」の紬や木綿、ゆかたなどに見られます(棒衿は男物の衿で衿幅がすべて同じ)。

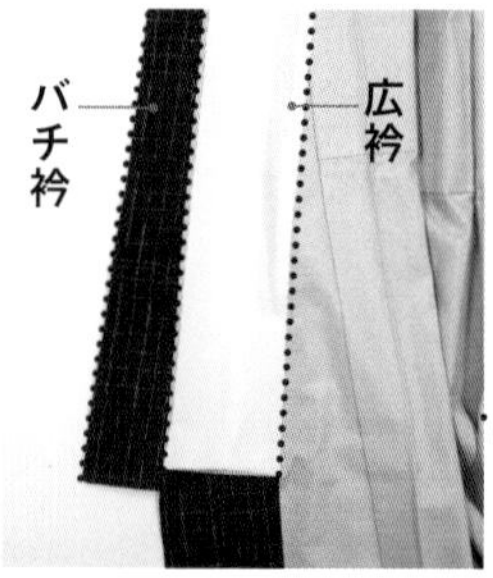

左のバチ衿は夏は涼しく、着付けの一手間も省けますが「日常きもの」仕様です。右は広衿。

単《ひと》衣《え》

裏地を付けない仕立て。居敷当ては透け防止のために付けますが、昨今は補強と汚れ防止も兼ねて付けるようになりました。

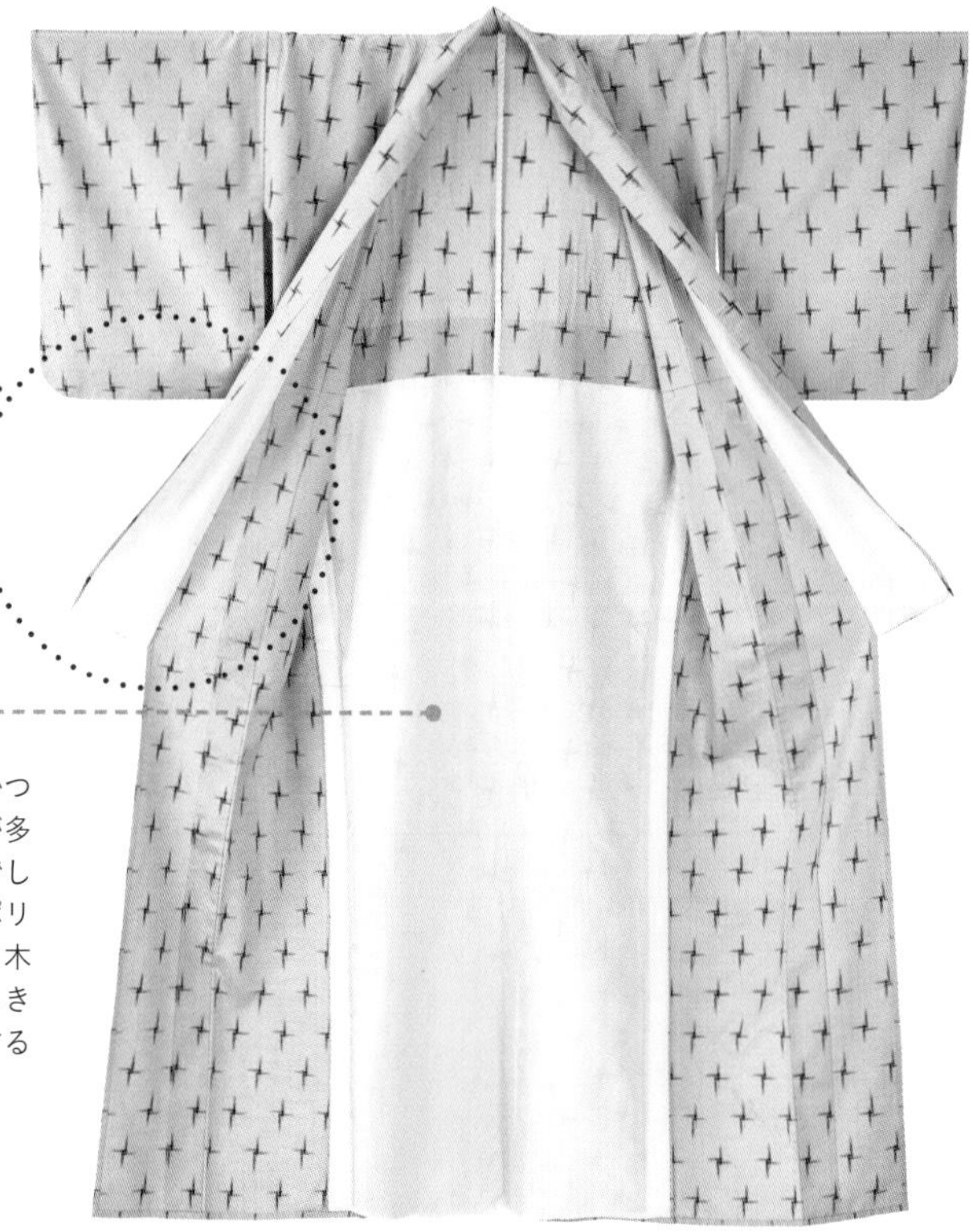

居《い》敷《しき》当て

腰部分の白い布が居敷当て。かつては居敷当てを当てないことが多く、衿裏以外は完全に裏無しでした。居敷当ての生地は正絹、ポリエステルなどが使われますが、木綿や綿麻など、おうち洗いするきものの場合は仕立て前、依頼する先に伝えて相談しましょう。

季節

セオリーは6月と9月ですが、温暖化のいまは9~11月・3~6月でも。

紗《しゃ》袷《あわせ》

裏に絽（まれに紗）、表に紗の2枚の生地を合わせ、モアレ感がおしゃれな、戦後の比較的新しい仕立て方。訪問着と同等の格で、ほぼ単衣と同時季の着用とされます。

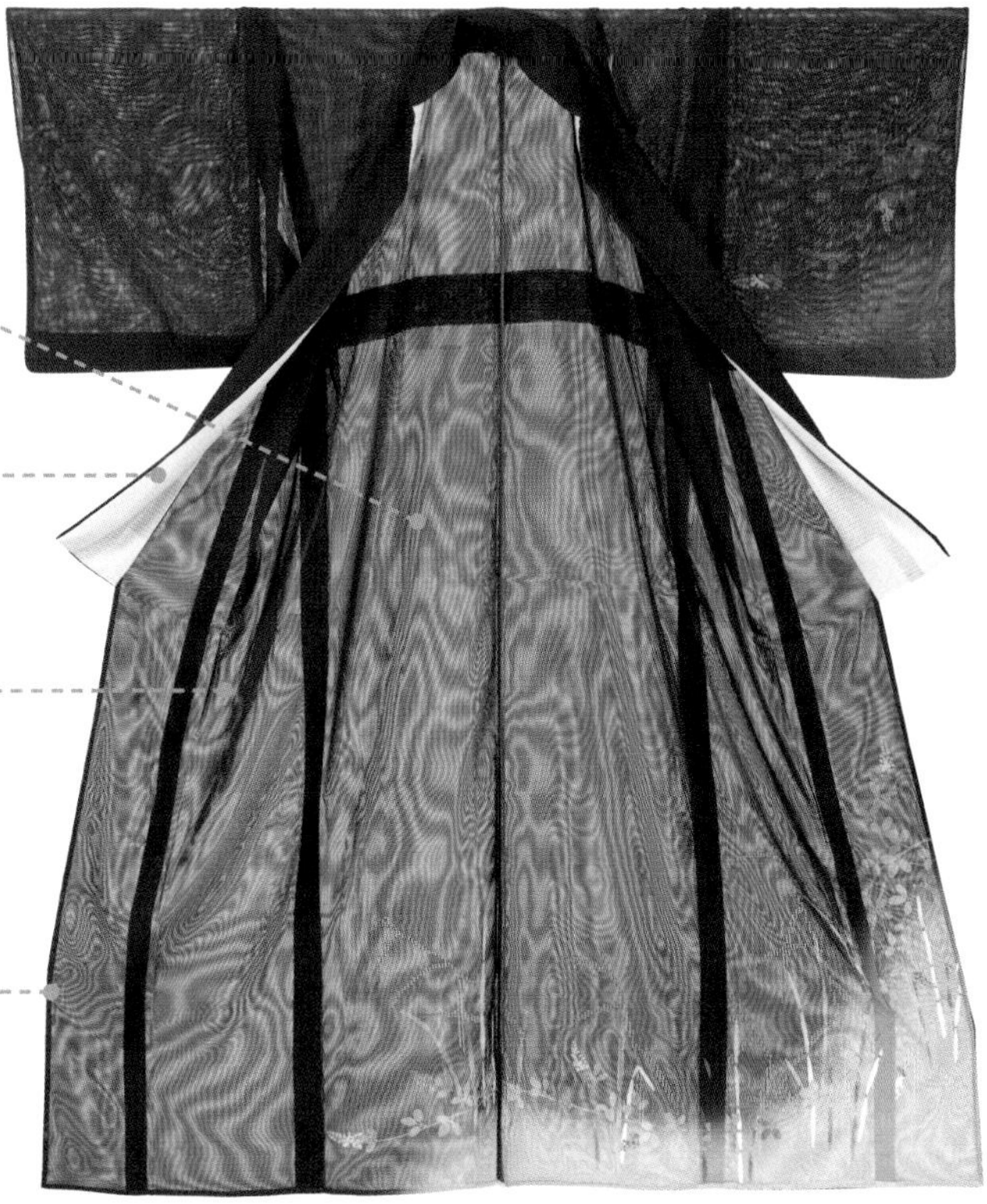

モアレ

薄物を2枚重ねたことで現れる、波や木目様の斑紋。

衿裏

夏物は絽の衿裏を付けます。

内側　絽または紗

内側の絽（紗）のほうに柄が描かれています。その柄が表の紗を通して透けて見える趣を楽しみます。

表側　紗

表側に紗を合わせます。薄物を2枚合わせることでモアレが現れます。

季節

セオリーは6月だけですが、私は5月下旬〜9月でもいいと思います。

薄《うす》物《もの》

仕立てとしては単衣になります。昔は付けませんでしたが、単衣同様に「居敷当て」を付けることが増えています。透け防止以外にも補強や汚れ防止になります。

居敷当てなし

先の単衣で説明した、居敷当てを付けないパターンの仕立てです。透けるので襦袢などの下ごしらえは気をつけるようにします。

絽　紗　麻など

透ける素材を薄物といいます。「透ける」がキーワードなので、慣習的に織り方と素材を同列に扱います。写真の素材は紗。

季節

セオリーは7・8月ですが、私は5月下旬〜9月でもよいと思います。

3 季節と肌着

襦袢は省いてもよし

高橋和江ナビ

日常

暑ければ夏襦袢はきものより先取りでもOKです

しきたり

襦袢は白、淡い色なら、二部式でもうそつきでも問題なし

皆さんのなかには襦袢派、簡易な仕様のうそつき※派がいると思います。または礼装時は襦袢着用で普段着であればうそつき派という方も多いでしょう。これもお好みですから、どちらでもよいと思います。現状では、相当にうそつき派の比率が高くなってきているようです。

襦袢はとてもすてきなのですが、便利さではうそつきに軍配が上がります。まず、暑くないという点、半衿を縫い付ける手間が減る、もしくは必要ないということでしょうか。ポリエステルで半衿付きの襦袢ならそのまま洗濯機へポン、ですみます。

襦袢を着る着ないについては、自身の美意識と体感で判断すればいいと思います。ただ、うそつきだということに引け目を感じる必要は「しきたりきもの」であってもないと思っています。

※うそつき＝ここでは単体の衿や袖を肌着と組み合わせた簡易版襦袢や半襦袢のことをいいます

襦袢生地

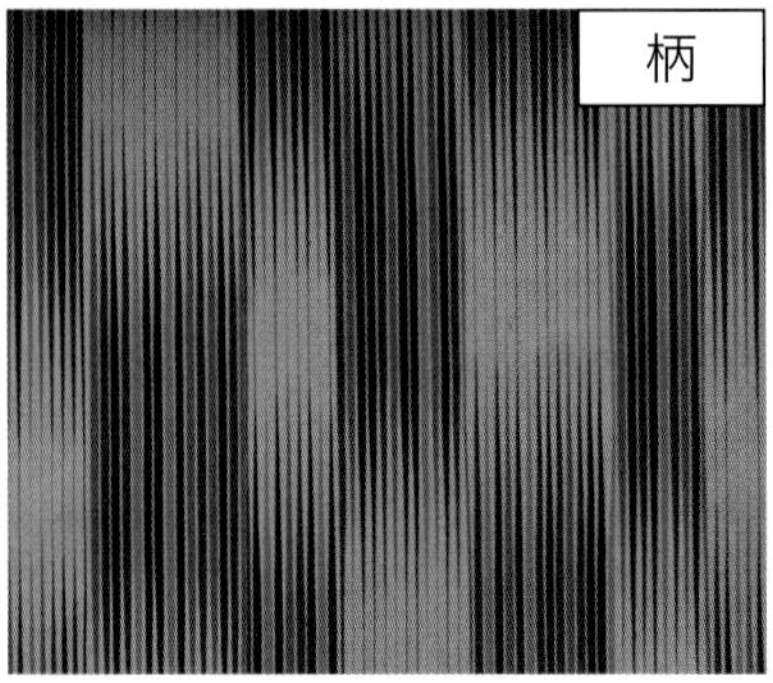

プリントが台頭してきてから古典的な柄のみならず、楽しい柄、復刻柄など多彩。隠れたおしゃれとして根強い人気があります。

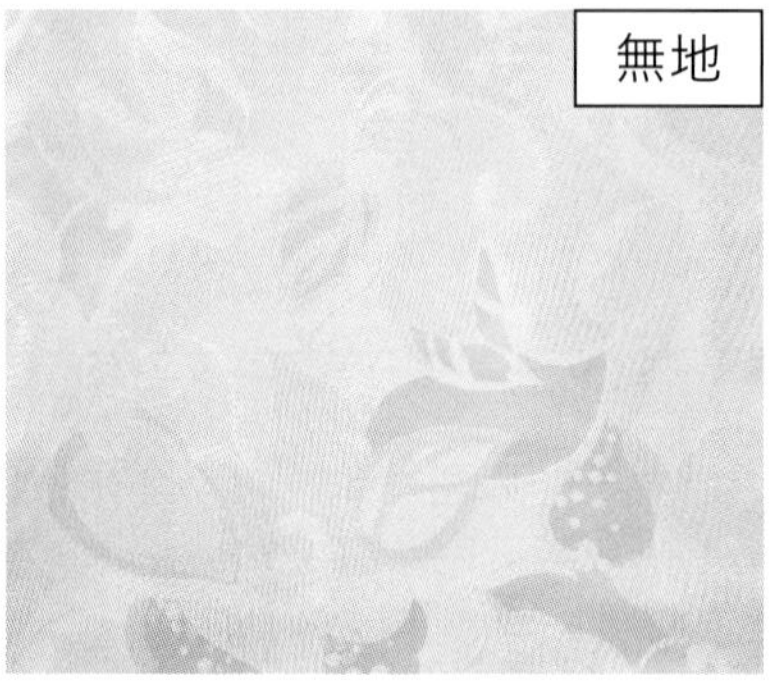

襦袢生地は一般的に綸子《りんず》やパレスといわれる生地を使うことが多い。最近では「日常きもの」用としての無地襦袢は減少傾向。

二部式襦袢

上下で分かれており、上は半衿付きで身頃は晒《さらし》、袖と裾よけは化繊の同生地を用いることが多い。下は普通の裾よけで、上だけ半襦袢として使用することも。仕立てる場合もありますが、既成品も豊富に揃っています。

長襦袢（対丈《ついたけ》または一部式とも）

きもののようにおはしょりをとらず、着てちょうどよい丈になるべき対丈なので、着る人の身長にきちんと合わせることが大事です。袖口からちらりと見える効果もあり、襦袢のおしゃれに凝る人も少なくありません。

海島綿《かいとうめん》

上質な綿を使った高級綿素材。落ち感があり、小紋などの柔らかいきものにもなじみます。紬、小紋のほか、付下げや訪問着でも。

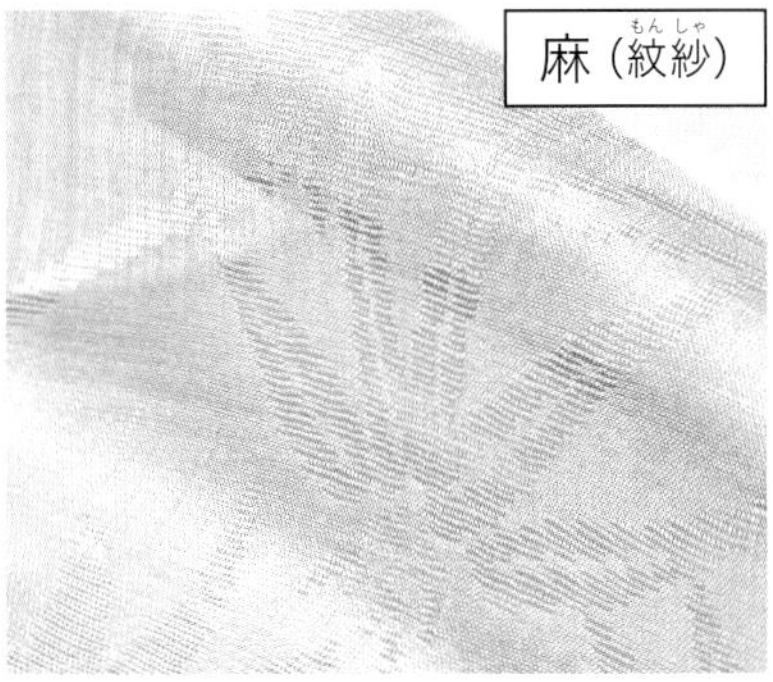

麻（紋紗《もんしゃ》）

涼しさでは麻がいちばんと言えます。気軽に洗えることもあり人気ですが、特有の固さが苦手な人も。絽織りもあります。

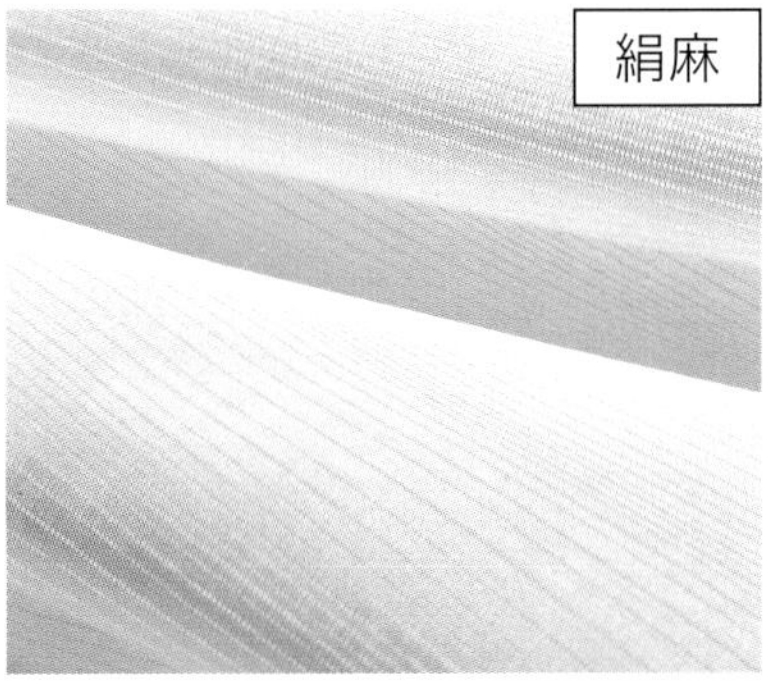

絹麻

最近注目の素材。絹と麻の交織で、絹のしなやかさと麻の涼感をもち合わせており、麻の固さが苦手な人にも向いています。

活用編

高橋和江オススメ

季節と肌着

襦袢を用いない下ごしらえ

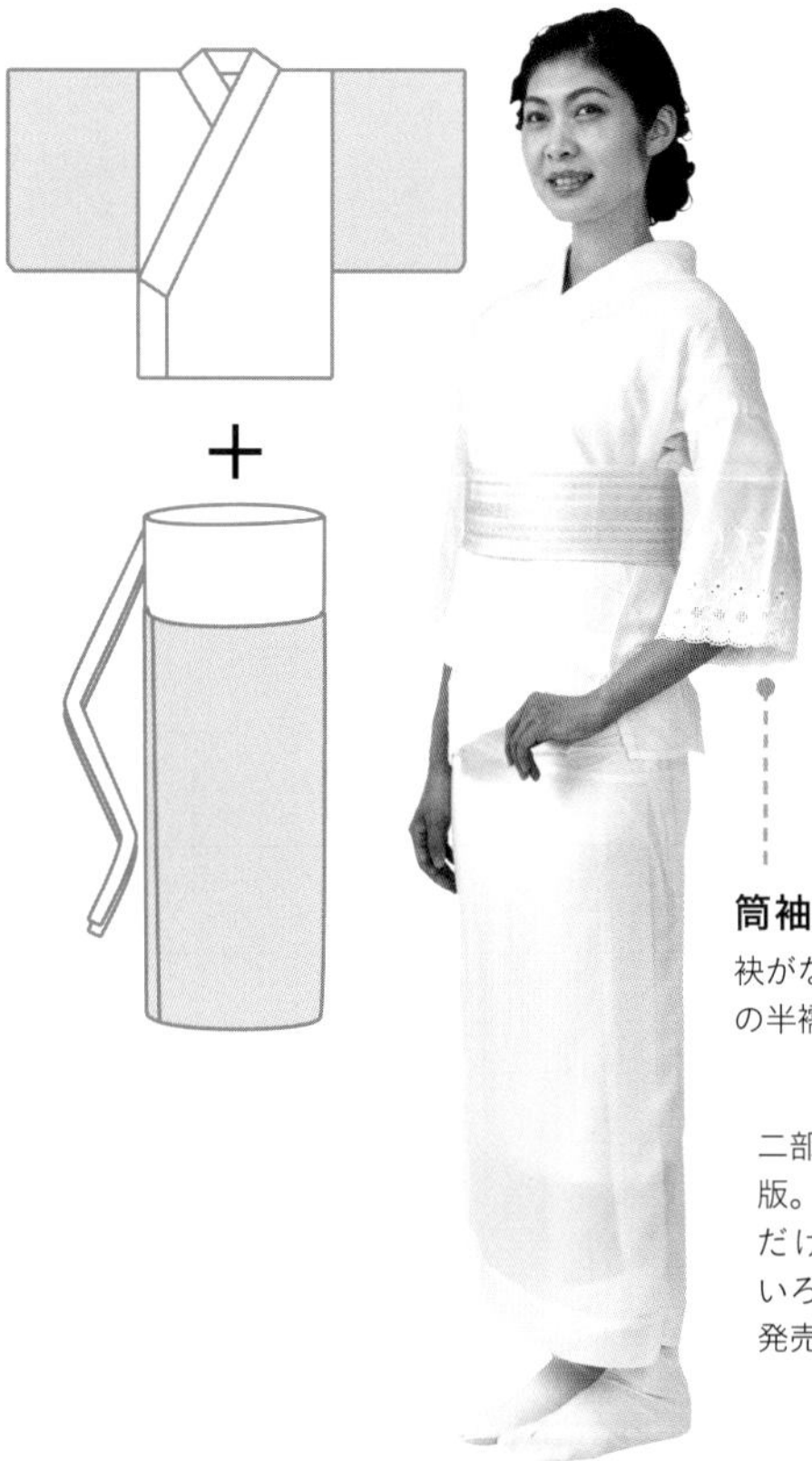

半襦袢 or 筒袖半襦袢
＋
裾よけ

筒袖

袂がない筒状の袖の半襦袢

二部式襦袢のさらに簡易版。筒袖半襦袢に裾よけだけでも0K。半襦袢はいろいろなメーカーから発売されています。

「日常きもの」で夏以外に白の襦袢はオススメできません。

袖口から礼装用襦袢を合わせている違和感が目立ちます。

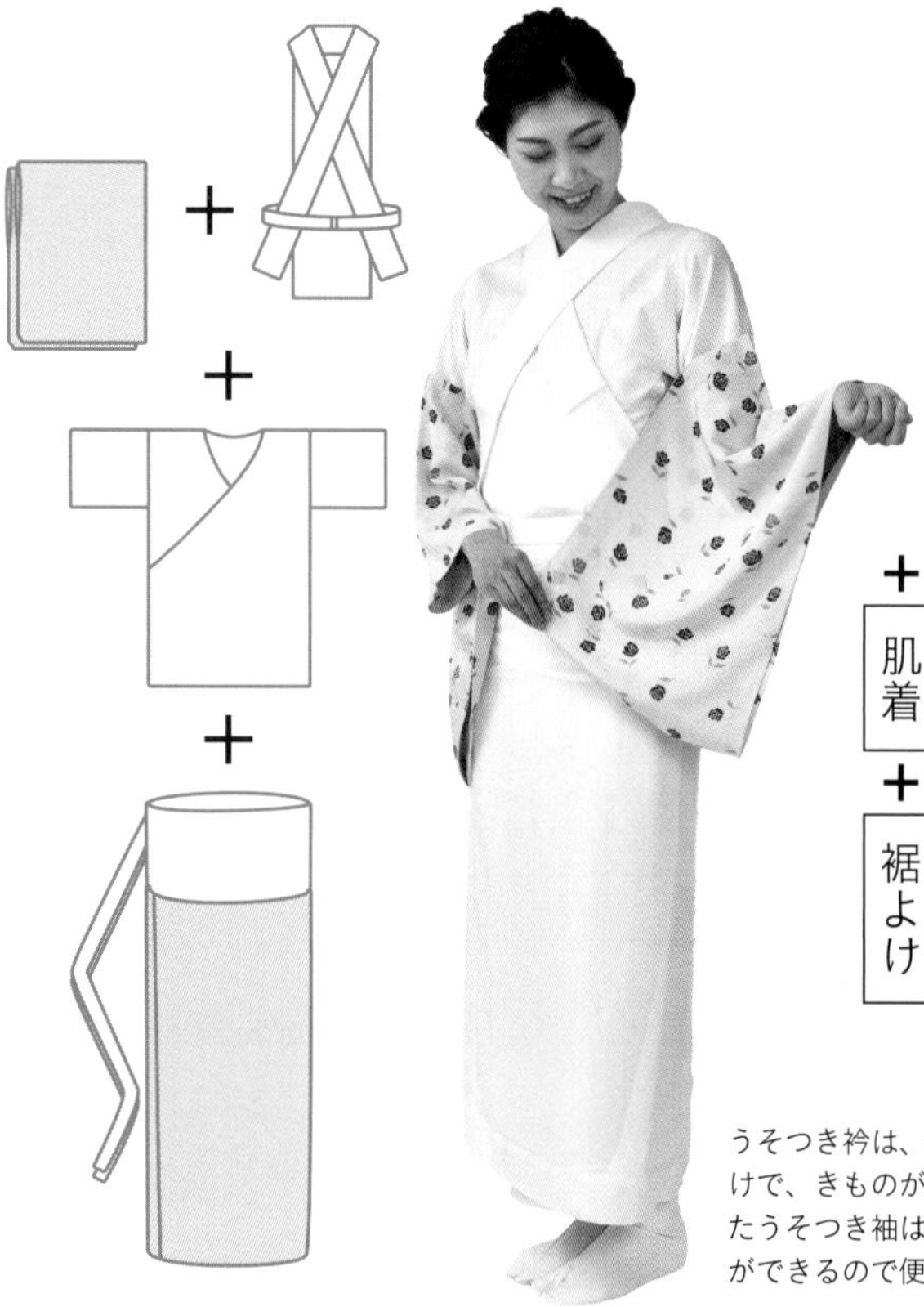

うそつき衿
＋
うそつき袖
＋
肌着
＋
裾よけ

うそつき衿は、付けるだけで、きものが成立。またうそつき袖は裄の調整ができるので便利です。

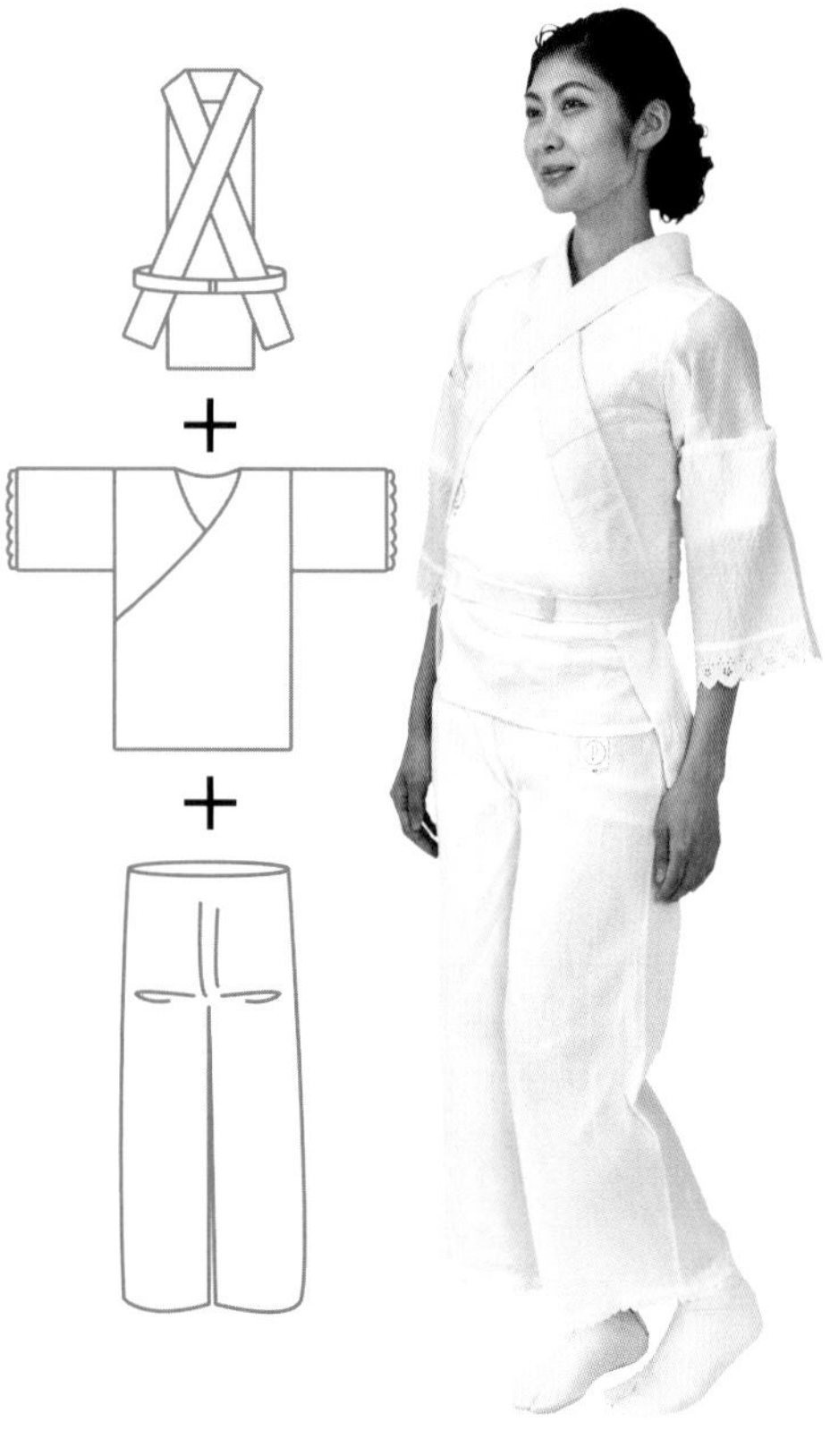

うそつき衿
＋
筒袖の肌着
＋
ステテコ

「しきたりきもの」も簡略化

長襦袢（対丈《ついたけ》または一部式とも）

現状では留袖は白襦袢が鉄則です。訪問着は白、またはぼかしなどの淡い色のものを。

二部式襦袢

うそつき衿とうそつき袖を白に。こだわるのであれば、絹素材で。

うそつきでもまったく問題なし

相手に違和感をもたれないお祝いのかたちを踏襲しましょう。それは堅苦しいのではなく、美しい習慣だと私は考えます。

襦袢は白以外はダメ？

五つ紋の留袖と黒紋付きは女性が着る衣服のなかで最も格が上のものです。訪問着も吉祥文様はじめ、美しい模様が施されています。私は、お祝いの気持ちを表すきものや文様を生かすためにも、五つ紋の留袖と黒紋付きの襦袢には清浄な白、訪問着なら白か淡い色がふさわしいと考えます。それが慣習的なものだとしても、皆で共有している装いのかたちを壊す必要はないと思っているからです。

襦袢地

駒絽《こまろ》

夏の襦袢は白の駒絽が、「しきたりきもの」の格にふさわしいとされていますが、p21で紹介した海島綿もオススメ。

ぼかし

薄ピンクから薄グリーンなど、ぼかしのものが上品で、表のきものの華やかさを損ないません。

綸子《りんず》（白）

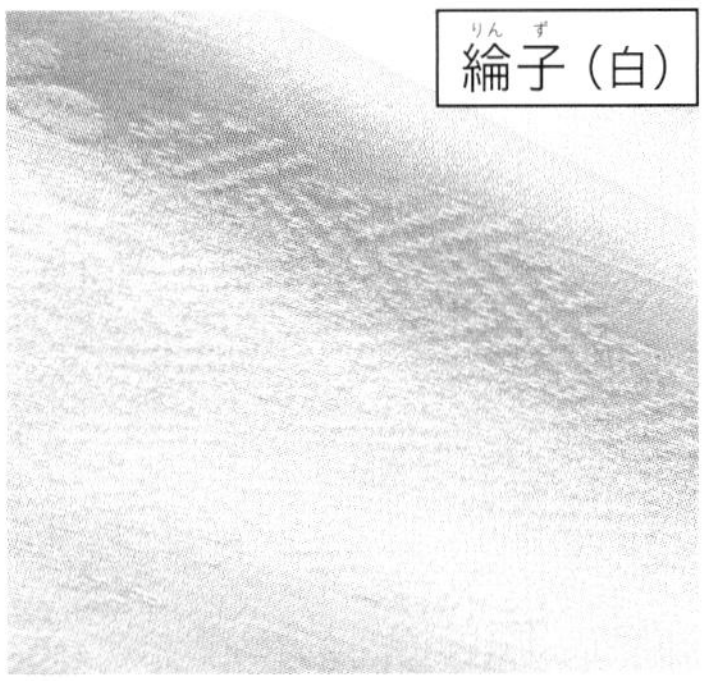

留袖や黒紋付きでは白の襦袢を合わせます。男性であれば羽二重、女性用は綸子などが多くなります。

4 季節と柄

特定の季節を想起するモチーフは時季を合わせる

高橋和江ナビ

日常

リアルな具象柄は先取りで、旬に着るようにしましょう

しきたり

古典文様や吉祥文様が多いので季節感はあまり気にしなくても大丈夫ですよ

柄や文様は専門家もいらっしゃいますが、ここでは日々、実際に季節を感じながらきもので過ごす私の感覚をお伝えします。

皆さんが特に悩むのは花や動植物ではないでしょうか。初心者の方でも参考にしやすいように大まかな基準で言うと、まず、柄が「具象的に描かれている」か、「デザイン的なモチーフとして使われている」かを見ます。

具象的な柄の場合、植物が描かれているなら、そのものが一種類で描かれているかどうか。一種類であればもちろんですが、複数描かれている場合でもメインとして描かれている場合は、そのモチーフの季節を踏襲します。誰もが知る花や植物は具象的に描かれているとその季節を思い浮かべます。季節とズレていると、日本人なら違和感をもつことがあります。

同じ柄でもデザインのモチーフとして使われている場合やかたちがデフォルメされている場合は、そこまで季節に厳密でない用い方でも大丈夫。

でもこれを面倒と思わないでほしいのです。洋服では味わえない、まさにきもののおしゃれの醍醐味なのですから。その季節に存分に着て楽しんでください。

基礎編

表現の仕方で季節感の強弱を判断しましょう

具象柄❶

- 日本人なら誰もが知る花や植物、作物
- 木の枝に付いて咲いている花や葉、実など
- 土から生えている草花

桜　梅　椿
土筆《つくし》　猫やなぎ
撫子《なでしこ》　桔梗《ききょう》　菊
銀杏　柿　葡萄
など

葡萄

具象柄❷

- 定型化された季節を表現する組み合わせ

流水に鮎　柳に燕
稲に雀　虫籠に鈴虫
竜田川に紅葉
月にススキ　月に兎
破魔矢におみくじ
雪持笹
など

柳に燕

デザイン化された柄

- フォルムで花や動植物の種類がわかるが具象的な表現ではない
- 複数の種類やモチーフとともに描かれている
- 整列するなど、パターンがある

桜　椿　乱菊　更紗《さらさ》模様
光琳菊　萩　唐草模様
紅葉　蜻蛉
など

ペルシャ風の更紗模様

季節に関係なく着られる柄

- **幾何学文様**（青海波、麻の葉、鱗、市松などの繰り返しパターン）
- **吉祥文様として描かれている植物柄**（松竹梅、四君子、菊など）
- **気象、季節が特定されない風景**
- **通年花屋にある洋花**（バラ、カサブランカなど）

＊文様や柄は無数にありますが、ここでは主にきものの柄で多い、季節に関連する動植物を取り上げました。また夏の柄は素材自体が夏物なので、ここでは割愛しました。

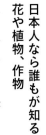

判断レッスン

季節を遵守したほうがいい柄

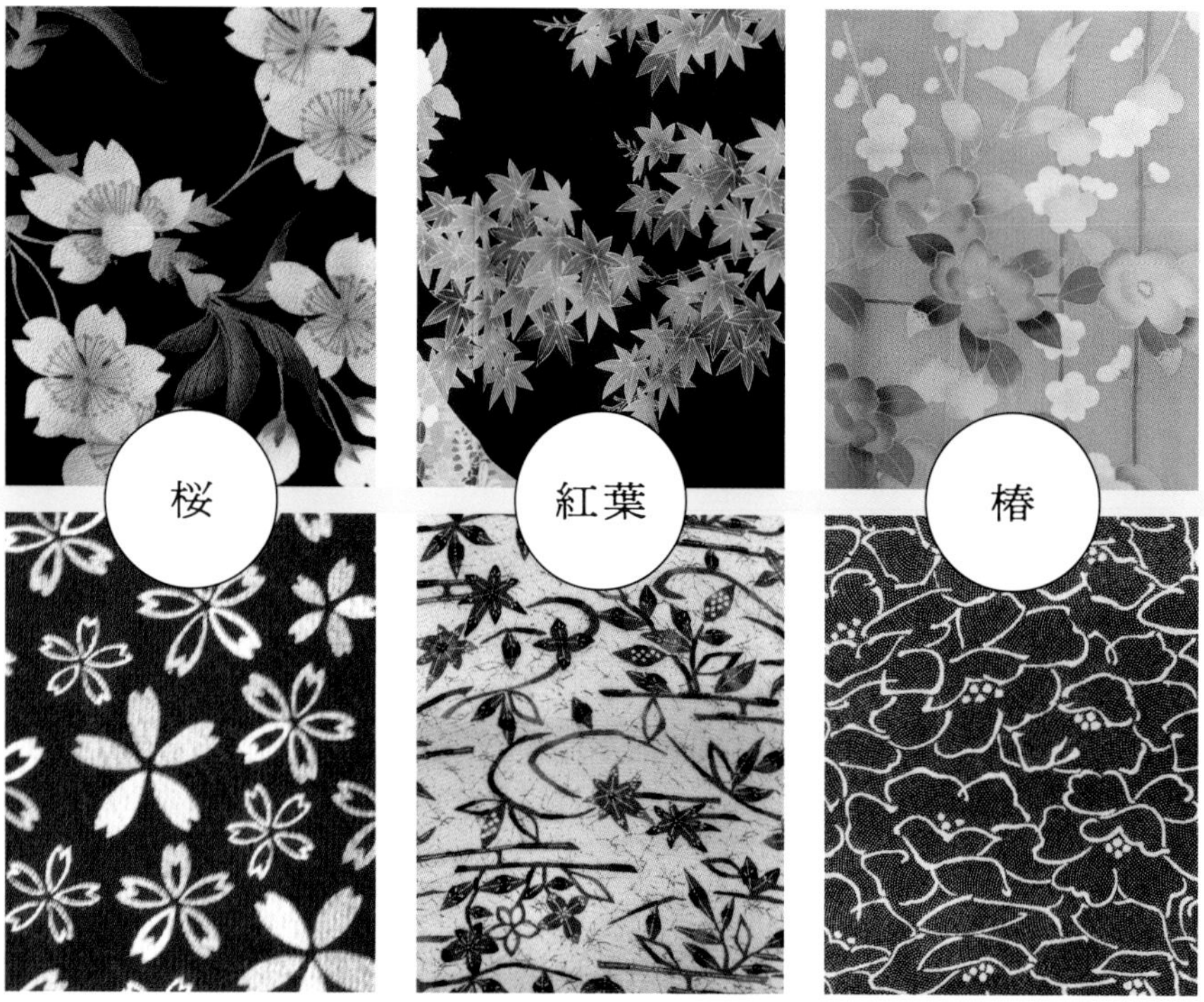

具象柄

デザイン化された柄

季節をまたいで着られる柄

季節に着たい具象柄

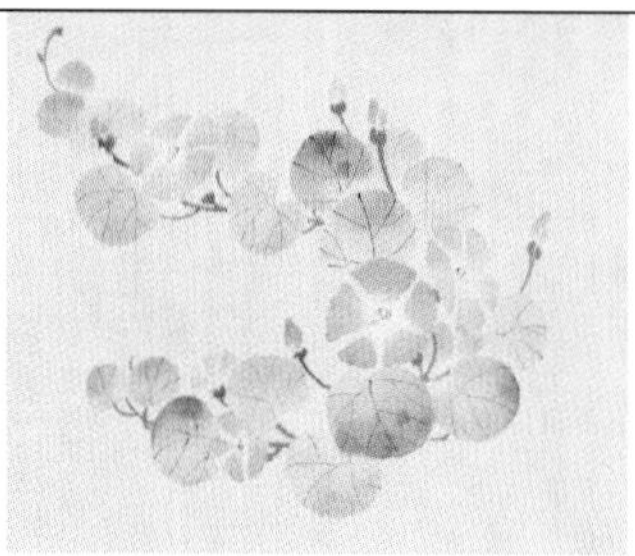

季節に関係なく着られる柄

複数の植物がデザイン化されて描かれていて、幅広い季節で着られます。

具象的に描かれていますが、複数の季節の植物を扱っているため、季節を気にせず着られます。

更紗はどの植物がモチーフでも、特定の季節はありません。

「しきたりきもの」では——

「しきたりきもの」は文様の意味が大事 季節はあまり気にしなくても大丈夫です

吉祥文様

吉祥文様は、描かれる文様や柄にことわざや祈りが込められているから人々に愛され、いまに伝わるのです。中国の故事に由来しているものが多くあり、植物だけでなく動物、そして架空の動物も伝わっているのが特徴です。

そのほかの文様

吉祥文様以外で格のある文様は、正倉院文様、有職文様、平安文様などのほか、繰り返し続くことに吉祥を見出した割付文様の青海波や鱗、亀甲、菱形などもあります。広義でこれらも吉祥文様として捉えます。

鳥・動物

鶴《つる》 鴛鴦《おしどり》 孔雀《くじゃく》 梟《ふくろう》 鷹《たか》 雁《かり》 亀《かめ》 兎《うさぎ》 鹿《しか》 鯉《こい》 など

植物

松《まつ》 竹《たけ》 梅《うめ》 桃《もも》 柘榴《ざくろ》 葡萄《ぶどう》 枇杷《びわ》 瓜《うり》 桐《きり》 麻《あさ》 瓢箪《ひょうたん》 など

正倉院・有職文様

華紋《かもん》 樹下鳥獣紋《じゅかちょうじゅうもん》 小葵《こあおい》 鳥襷《とりだすき》 幸菱《さいわいびし》 八藤《やつふじ》 など

宝尽くし

七宝《しっぽう》 宝珠《ほうじゅ》 宝巻《ほうかん》 分銅《ふんどう》 打《う》ち出《で》の小槌《こづち》 丁子《ちょうじ》 巾着《きんちゃく》 隠《かく》れ蓑《みの》 隠《かく》れ笠《かさ》 珊瑚《さんご》 砂金袋《さきんぶくろ》 など

割付文様

青海波《せいがいは》 鱗《うろこ》 亀甲《きっこう》 紗綾形《さやがた》 石畳《いしだたみ》 など

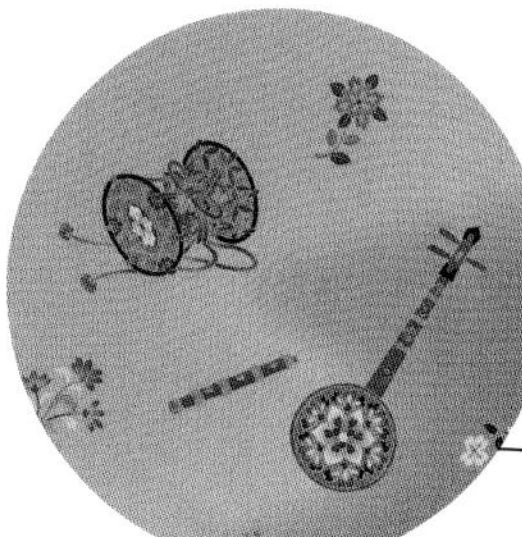

器物

几帳《きちょう》 檜扇《ひおうぎ》 御所車《ごしょぐるま》 貝桶《かいおけ》 熨斗《のし》 薬玉《くすだま》 楽器《がっき》 など

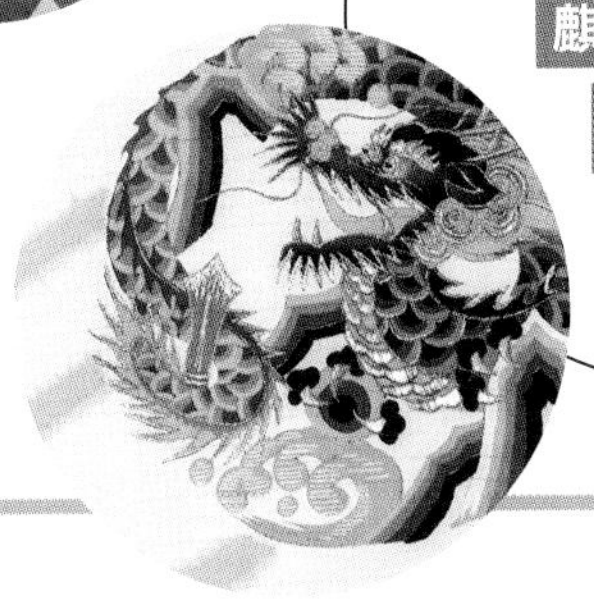

想像の生き物

麒麟《きりん》 唐獅子《からじし》 鳳凰《ほうおう》 龍《りゅう》 など

※表現方法の違いで「日常きもの」でも使われることがあります。

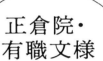

5 季節と小物

夏の半衿と帯揚げは留意

髙橋和江ナビ

日常

通年OKの素材を便利に使いましょう

しきたり

「しきたりきもの」の小物は「日常きもの」と明確に違います

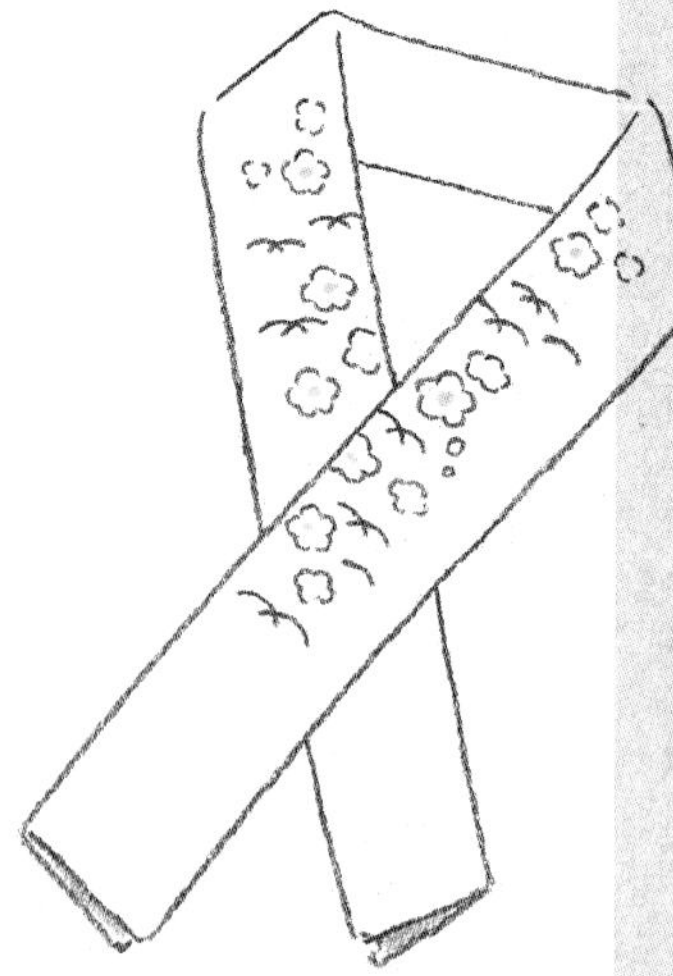

ここでちょっと昔の話をします。実はつい30年ほど前まで夏物の帯揚げ・帯締めはありませんでした。年中、透け感のないものを使用していたのです。帯締めで有名な道明では、いまでも夏物がありません。夏物は後付けでつくられたものなのです。

しかし、現在は夏用帯締めが商品としてあり、少なくとも、夏の半衿と夏以外の半衿を使い分けることが定着しています。衣服は歴史的に簡略化されていくものですが、一方でいままでになかったものが生まれてくるのも、時代の変化ゆえ。だから昔はなかったレース半衿など、通年使える便利なものも生まれるのです。すべてを過去に倣《なら》う必要はありません。「日常きもの」に関しては新しい素材を積極的に活用してもよいと思います。

私の基準では、「日常きもの」の半衿は、夏は夏物と通年タイプを、帯締めは太さや色を見て季節で使い分けます。「しきたりきもの」に関しては、きものにふさわしい小物を用いることが大切と考えます。

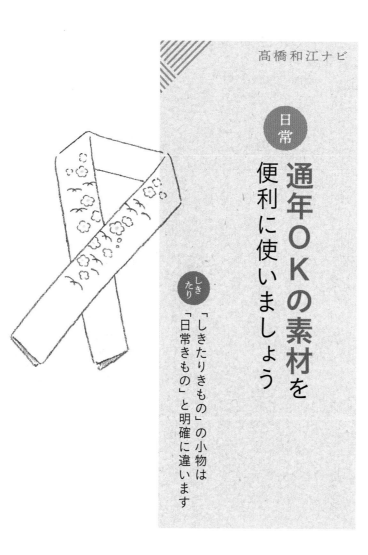

秋冬のキーワードは、温かみ、厚み、ふっくら感
5月以降10月までは、すっきり感、
盛夏はさっぱり、涼しげがキーワード
素材に詳しくなくても〝感覚〟を信じてください

日常きもの

10月	7～8月	6・9月	5月	11～4月	
すっきり系 レース 綿素材	絽　麻 すっきり系 レース 綿素材	絽　絽縮緬 紗 すっきり系 レース 綿素材	11～4月と一緒ですが、ちょっと暑苦しいので縮緬だけ避けましょう	塩瀬　縮緬 ふくれ織り 厚みのある レース 綿素材	半衿
縮緬　綸子		絽　紗　麻		縮緬　綸子 綾織	帯揚げ
特にNGはなし　太さや色を見て使い分けましょう					帯締め

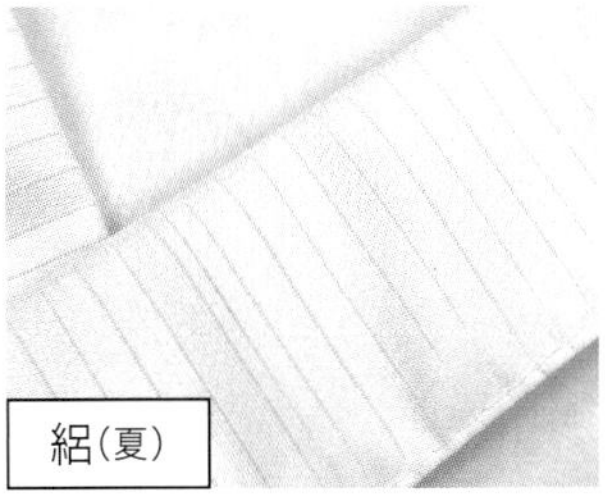
絽(夏)

絽目が入った、夏専用の半衿。

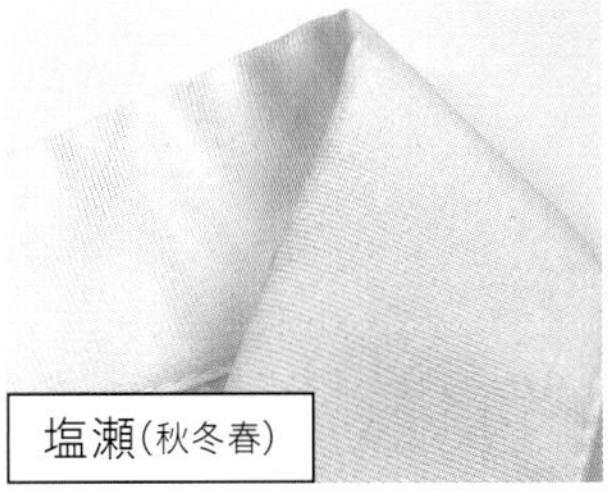
塩瀬(秋冬春)

凹凸のない平らな地風で基本といえる半衿。

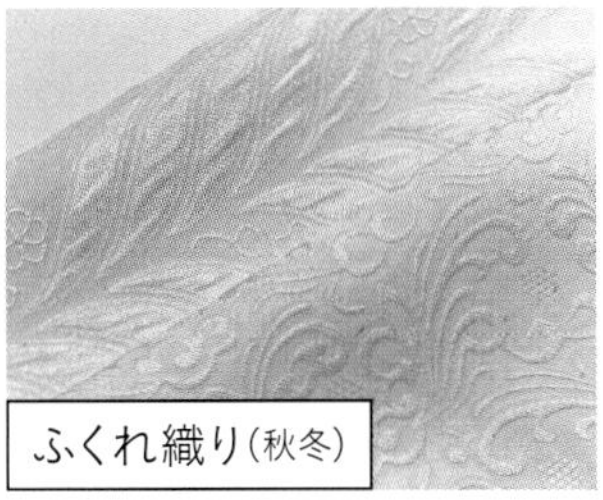
ふくれ織り(秋冬)

表面を部分的に浮かせて織りだした生地。

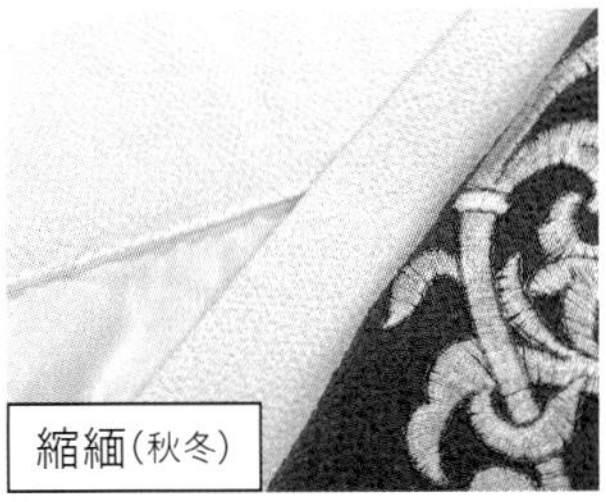
縮緬(秋冬)

糸の縮む特性を生かして細かな凹凸を表現した生地。

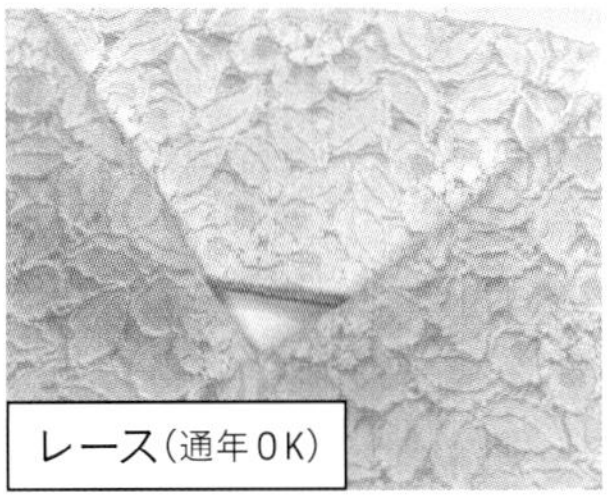
レース(通年OK)

半衿としては新しい素材のため、季節が特定されません。

色柄木綿(通年OK)

木綿は種類が豊富でハギレも使用できます。

「しきたりきもの」では

振袖以外はすべて基本は白です。夏は絽。袷の季節は塩瀬や金銀糸の刺繍半衿、ふくれ織りの白半衿など。塩瀬や絽、ふくれ織りは日常きものにも使える素材です。

10月	7・8月	6・9月	11～5月	
塩瀬	絽	絽　絽縮緬	塩瀬 金銀糸や白色の 刺繍半衿 ふくれ織り	半衿
縮緬　綸子 綾織り	絽	絽　絽縮緬	縮緬　綸子	帯揚げ
白　金銀糸使用したもの　平組が格上 三分紐は無地で帯留めは真珠やべっ甲、貴金属など				帯締め

第2章
しきたりきもの
「格」を正しく識る

そもそも「格」は何を指すのでしょうか？
「日常きもの」にも「格」はあるのですか？

基本、「格」は「しきたりきもの」のものであって、「日常きもの」にはありません。「日常きもの」は「質」の違いだと考えるとわかりやすいと思います。「格」という概念があるのは、きものに着るものとしての完成度があるからなのです。面倒、堅苦しいと考えずに美しさと考えたら、すてきではありませんか？

1

紋と「格」の関係

「格」と言えば避けて通れないのが紋。基本はシンプルで、五つ紋、三つ紋、一つ紋の3種類。紋の数が多いと「格」が上ということになります。しかし悩むのは、染めか刺繍かにより紋の「格」が違ってくること。ここでちょっとめげそうになりますが、現代で使われる紋は限られてきているので、そこを整理すれば大丈夫。難しいと思うより、むしろ紋付きのかっこよさを知ってください。

2

「格」ときものの種類

きもの自体の「格」は定型化されているので、皆さんもよくご存知だと思います。留袖、訪問着、付下げ、無地など。しかしそこに紋が入ってくると、ちょっと「格」の入れ替わりが出てきます。ここではきもの自体の「格」に加えて、紋付きかそうでないかで、「格」がどう入れ替わるのかを視覚的にわかりやすく見ていきます。特に、汎用性が高いと言われる無地が、紋の有無でどう変化するのかご紹介します。

3

「格」と帯の関係

紋の数やきものの種類で「格」が変わるきもの。面倒なようでも、見方を変えれば柔軟とも言えるのです。ここでは同じきものでも、帯で「格」を上げ下げできることをご紹介します。この組み合わせのコツを知ると、華やかなパーティから、静寂さを求められるお茶席、またはおしゃれ着としての組み合わせもできることがわかります。そのためには帯自体の「格」や、組み合わせのパターンを知っておきましょう。

4

「格」と小物の関係

この項目を取り上げたのは、小物が意外とおざなりにされていると思うからです。きものは紋付きでシュッとしているのに、履物は？　バッグは？　と思う装いが少なからずあるということ。その逆に、“コーディネートの自由”とはちょっと方向性が違う、「日常きもの」にふさわしくない小物を合わせている場合も見られます。せっかく着るきものなのですから、自然で、バランスがよいコーディネートを。

1 紋と「格」の関係

家紋は「しきたりきもの」、洒落紋は「日常きもの」

髙橋和江ナビ

しきたり

家紋に象徴されます
抜き紋（染め紋）は正式
縫い紋は略式ですが、
着る幅が広がります

日常

「日常きもの」は洒落紋だけ
家紋はもち込まないように
しましょう

家紋の成立は平安時代。暗がりのなかで他家のものと見分けやすいように、自分の牛車に印を入れたのがいまに続く家紋と言われています。昔は「個」より「家」が優先されたので、家紋は大変重要な意味をもっていたのです。

紋は基本的に世襲であり、世界的にはヨーロッパ貴族の紋章と日本にしか存在しないと言われている、とてもクールな文化なのです。世界で活躍した日本人が、ここぞというシーンで紋付きを着ていると誇らしい気持ちになりませんか。私はホレボレします。「日常きもの」は、どんどん解放していきたいと思っている私ですが、家紋に関しては「格」を表すものとして、その意味を守っていきたい気持ちが強く、ぜひ家紋に対する敬意と理解を深めていただければと思っています。

複雑なように見える紋ですが、抜き紋（染め紋）、縫い紋、洒落紋、この3種類を知るだけでもある程度整理がつきますよ。もし、お手持ちのきものに1つだけ紋を入れると言うならば、縫い紋をオススメします。紋を1つ背負うだけで、きっといままでと違う感覚の晴れやかなきものになると思います。

紋の種類と技法

縫い紋

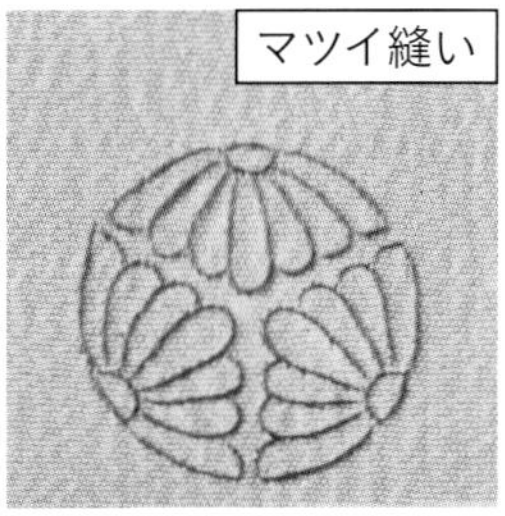

線で描いたような刺繍で、紋の輪郭がくっきりし、いちばんポピュラー。

線より、色鉛筆で塗りつぶしたような面で表現した刺繍。

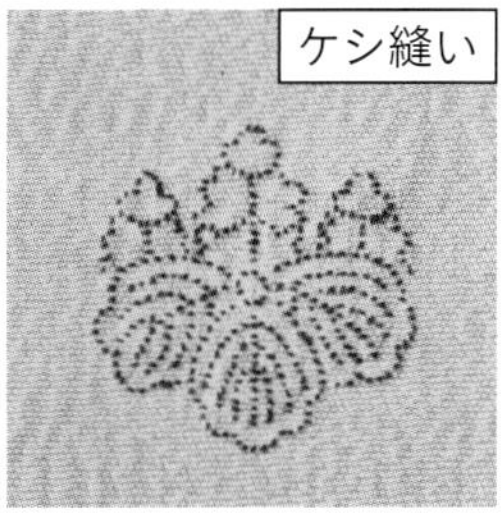

芥子の実のような点で紋のかたちを表現する方法。あまり主張したくないときに。

抜き紋（染め紋）

紋を輪郭線のみで入れたものです。日向紋で白く抜かれている部分はきものの地の色となります。あまり使われません。縫い紋でも陰紋があります。

黒紋付きや留袖に入れる紋は染めで、白抜きで入れます。この入れ方が一般的なので、通常、抜き紋(染め紋)というと日向紋を指すことが多いです。

男性のきものや羽織に入れる紋は女性の紋より大きくなります。その違いを「男紋」「女紋」という言い方で区別します。

関西の女紋

関西方面では実家や婚家の紋とは別に、女系で受け継ぐ紋があり、それも女紋と言います。

「しきたりきもの」の範疇に入らない洒落紋

「洒落紋」は文字通り、おしゃれで入れる紋です。染めと刺繍があり、家紋ではないので自由に好みのモチーフやデザインを入れることができます。「加賀《かが》紋《もん》」「花紋《はなもん》」も似たような意味合いですが、遡れば諸説あるので、ここでは「洒落紋」だけにとどめておきます。洒落紋といえど、やはり付けることで気軽な日常着よりちょっとおめかし感、よそ行き感が出ます。昨今は黒羽織に付けて楽しむ方もちらほら見受けられます。

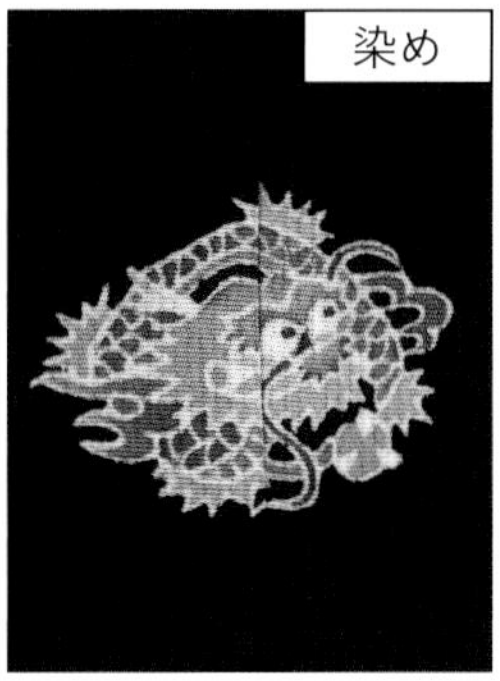

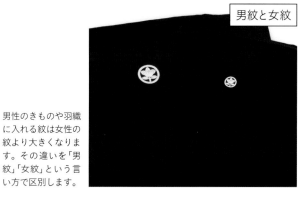

主に第一礼装の紋

抜き紋（染め紋）

完全に「しきたりきもの」としての着用が前提です

きもの

黒留袖　色留袖　喪の黒紋付き　訪問着
男性の紋付き羽織袴　無地　羽織など

シーン

結婚式　叙勲　不祝儀　茶会の亭主
周年行事など祝い事の主催者側や主賓
入学・卒業式の主催者の立場や主賓など

いちばん格上の紋で、黒留袖と黒紋付きは五つ紋、色留袖は五つ紋と三つ紋（五つ紋は黒留袖と同格）、無地きものはほぼ一つ紋です。現代では三つ紋は大変少なく、大体五つ紋か一つ紋です。すべてがカジュアル化傾向にある昨今は、正式すぎて使いにくいと慎重になる向きがあるようですが、私は吉祥文様とともに、「しきたりきもの」の美しさを象徴する要素のひとつだと考えています。

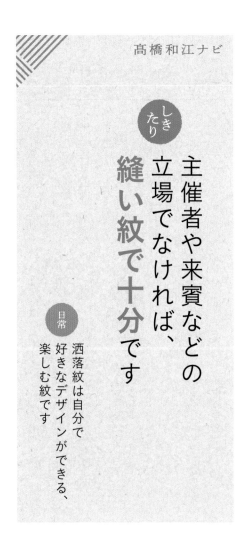

髙橋和江ナビ

しきたり

主催者や来賓などの立場でなければ、縫い紋で十分です

日常

洒落紋は自分で好きなデザインができる、楽しむ紋です

洒落紋

おめかし系のおしゃれ用の紋

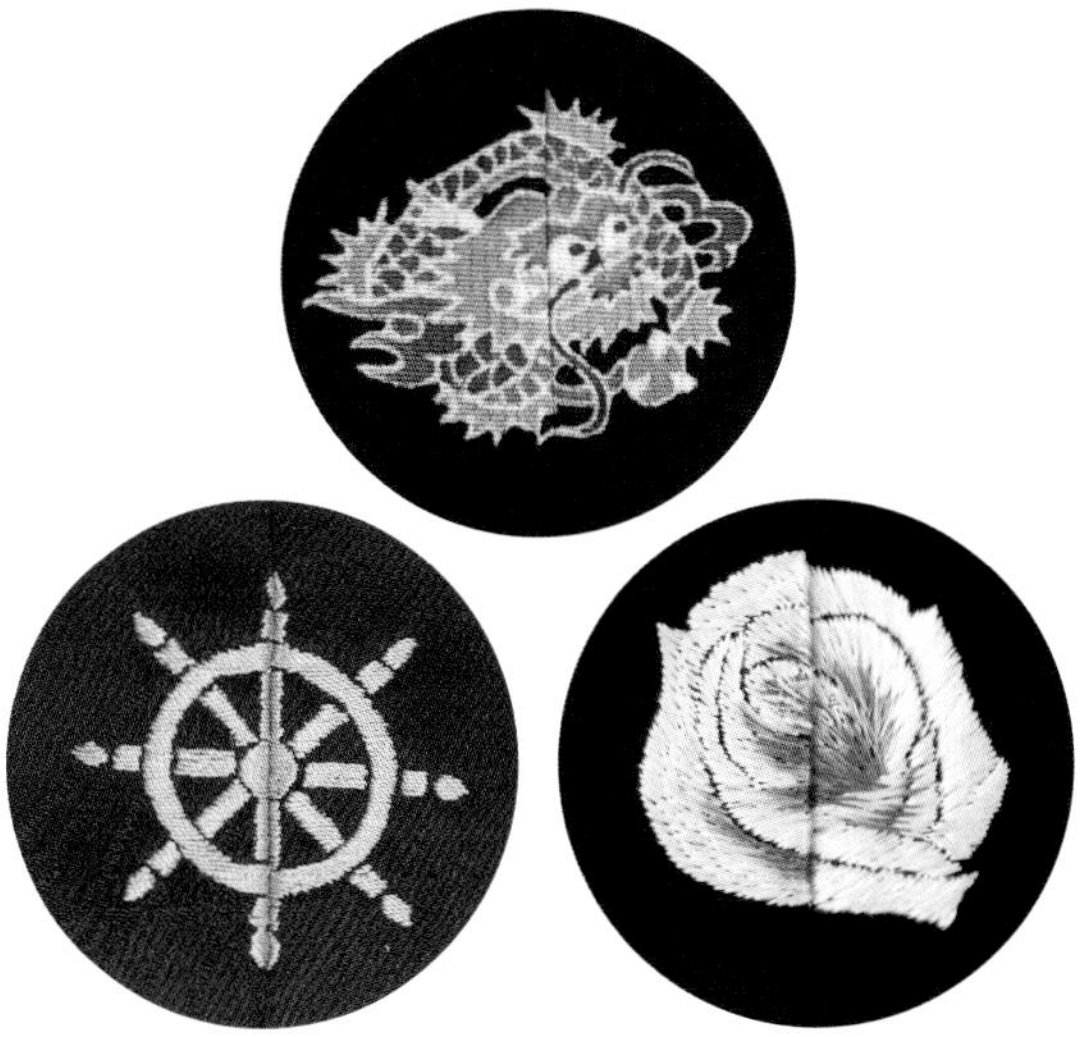

礼装になりませんが、着るものとしての上質感とおしゃれ感を一段上げます

きもの

色無地　江戸小紋　黒羽織など

シーン

パーティ　観劇　食事会　新年の会など

おしゃれで自由に入れられる楽しい紋です。自分の趣味や仕事にまつわること、好きな花や干支の動物を入れる人もいます。私は龍が好きなので友禅で黒羽織に入れてもらいました。編集者の知人は、ペンつながりで筆紋を洒落紋として入れていました。このように自由なおしゃれではありますが、完全にデイリーとしての着用ではなく、いつもよりは特別なシーンで着用します。

主に略礼装の紋

縫い紋

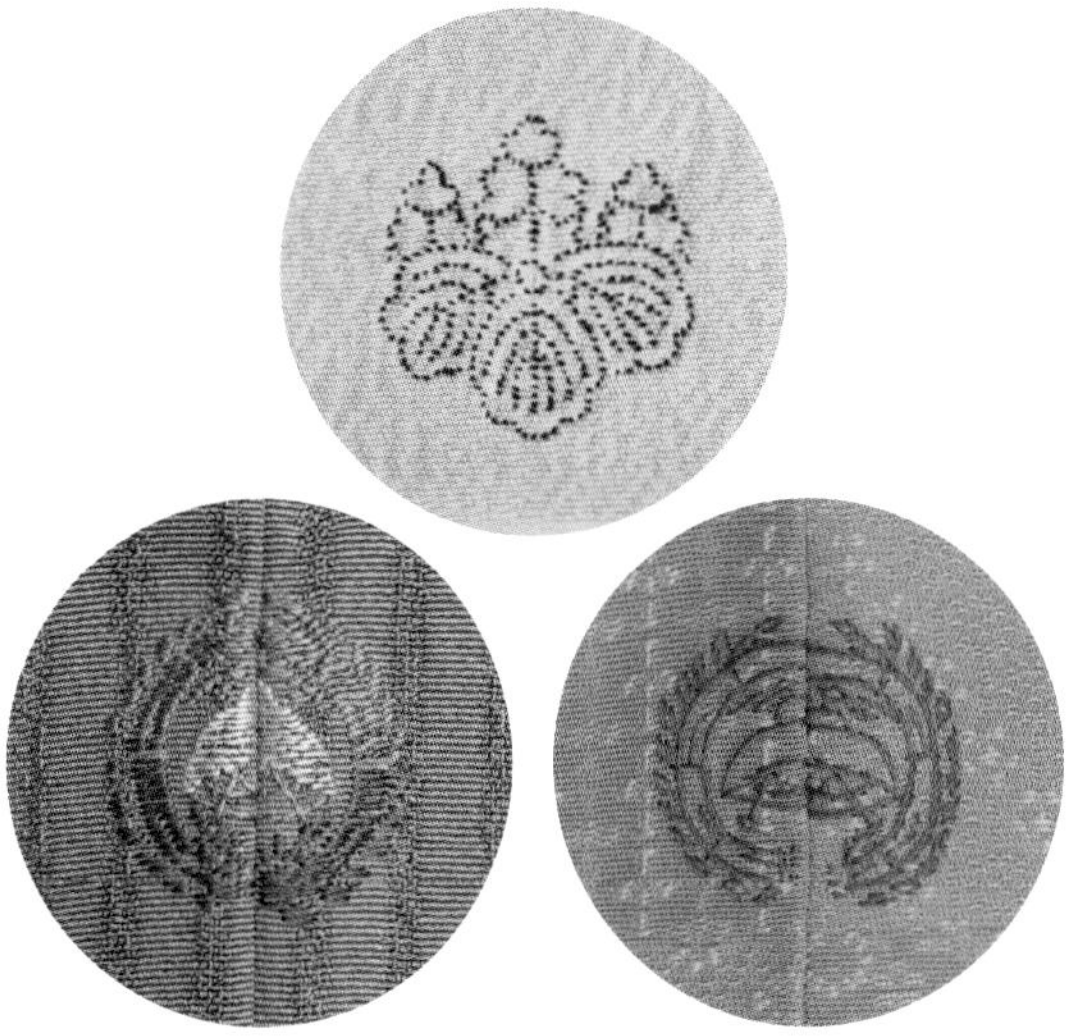

抜き紋(染め紋)より堅苦しくないので、式典からパーティまで

きもの

訪問着　付下げ　色無地　江戸小紋　羽織
紬の無地や羽織(主に男性)など

シーン

結婚式　入学・卒業式へ家族として臨席
お茶席　パーティ　祝い事の席に招かれた立場
少しあらたまった雰囲気の会合や席など

略礼装となり、抜き紋（染め紋）より着られる範囲が広いきものです。刺繍なので線の表現が柔らかく、紋の主張が控えめです。無地に一つ紋で入れることが多く、刺繍糸の色を選んだり、ぼかしを表現することもできます。パーティやイベントで、礼装ではないけれど普段着よりきちんと見せたいというときに大変便利です。知的な大人のおしゃれと言えるかもしれません。

2 「格」ときものの種類

一般的な「格」基準に「見た目」基準を入れるとわかりやすい

髙橋和江ナビ

しきたり

「しきたりきもの」は「格」そのものより着るシーンから考えます

日常

「日常きもの」に「格」はありません 質の違いだけです

まず伝えておきたいのは、「日常きもの」では質の違いはあっても「格」はないということです。質の違いとは、洋装で例えれば、デニムきものはパーカ、そして伝統工芸品の江戸小紋はブランドのジャケット、というような違いです。両方「日常きもの」の範疇ですが、江戸小紋は装い方によってホテルのパーティなどにも出席できます。

「格」を語るのであれば、「しきたりきもの」です。きものの「格」を判断すること自体はそう難しいことではありません。

ですが、そのなかのどれがその場にふさわしいのかは、その時々で違ってきます。同じ結婚式でも一流ホテルなのか、レストランウエディングなのか、参加する顔ぶれや自分の立場などで「格」の上げ下げが必要な場合があり、ここが「格」を難しいと感じる点だと思います。自分が招く側か、招かれる側か、そして後者の場合、主賓か否かで考えましょう。

「しきたりきもの」は織物ではなく、染物になります

織物は糸の段階で染めて反物に織りだします。先染めとも言われ、柄は織りで表現します。一方、染物は染めていない糸で反物として織りだした白生地に、染色を施したり、絞りや友禅などの技法を用いて柄を表現するもので、後染めとも言われます。織物はどんなに高価でも「日常きもの」の範疇になり、「しきたりきもの」は染物とされています。地風としては、織物は固め、染物は落ち感のある柔らかな質感になります。

髙橋和江オススメ

私はきものを「格」と「雰囲気」で大きく4つに分けています。

完全「しきたりきもの」枠（染物）

礼装

・留袖・振袖
・訪問着・無地紋付き

▼主に結婚式　葬式で

準礼装

・振袖・付下げ
・無地紋付き・江戸小紋

▼主に結婚パーティ　法事
表彰式などあらゆる式典
茶会など

おめかし～「日常きもの」枠（染物、織物両方あります）

おめかし普段着

・付下げ
・色無地（もしくは縫い紋や洒落紋入り）
・江戸小紋・小紋
・紬・お召・上布《じょうふ》
・麻きもの

▼主に結婚を祝う会
気軽な表彰式などあらゆる式典
大寄せ茶会　美術鑑賞
料亭での食事など

○帯やコーディネートで雰囲気を変えます。

普段着

・色無地・小紋・紬
・お召・上布
・麻きもの
・木綿きもの
・ウールきもの

▼主にショッピング
気軽な集会　食事会など
仕事きもの　おうちきものを
含めてあらゆるシーンで

「格」のアレンジをするときのポイント

決まっているきものの格付けを覚えておきましょう。その上でアレンジポイントは素材、柄付け、文様、そして取り合わせです。

1 きものを決めます。

2 帯を合わせます。

この際のポイントは、着るきものの「格」を上げるのか、下げるのか。その上で、色と質感を見ます。（p44–51参照）

3 半衿、帯揚げなどを決めます。

きものの「格」をどこにもっていくのか、それに合わせて、色とテイストを見ます。

4 草履、バッグ、コートを決めます。

髙橋和江ナビ

しきたり

訪問着は無地紋付きより格上と私は考えます 軽い訪問着と付下げは汎用性が高いきものです

礼装の素材は絹かポリエステルが一般的で、基本は織物ではなく染物です。ポリエステルであっても柄付けが留袖格、訪問着格であれば、その「格」の用途になります。また、通常は「紋付き」のほうを格上に位置づけることが多いと思いますが、私は紋がなくても、実際には訪問着のほうが優先されること、またつくる手間を考えても、無地紋付きより訪問着を格上と位置付けています。紋が付かない訪問着を柄付けの印象であえて「重い・軽い」に分けたのは、柄が軽め、さっぱりめだと付下げに近い感覚で大げさすぎずに着られる便利さがあるからです。迷うのは紬の訪問着ではないでしょうか。「しきたりきもの」は基本、染物ですが、たまに紬の訪問着があります。素材は絹であっても紬特有の節があるマットな質感は、基本的に一段「格」が下がると考えるといいかと思います。つまり紬の訪問着↓付下げ格に、紬の付下げ↓小紋格、というように。

最上級しきたりきもの

振袖　色留袖　黒留袖

※留袖は既婚者、振袖は未婚者が着る慣習ですが、現代では必ずしもその限りではありません。

紬の訪問着　付下げ　江戸小紋紋付き　無地紋付き　軽い訪問着　重い訪問着　紋付き訪問着

紬の訪問着は付下げ格　**紋付きの無地と江戸小紋は同格**　**訪問着は基本は同格**　**留袖に次ぐ格**

最上級の「しきたりきもの」

黒留袖

最上級の礼装。柄は裾だけにあり、上半身には入りません。襦袢、帯揚げ、帯締めは白（金銀糸入りなども）で末広を指します。

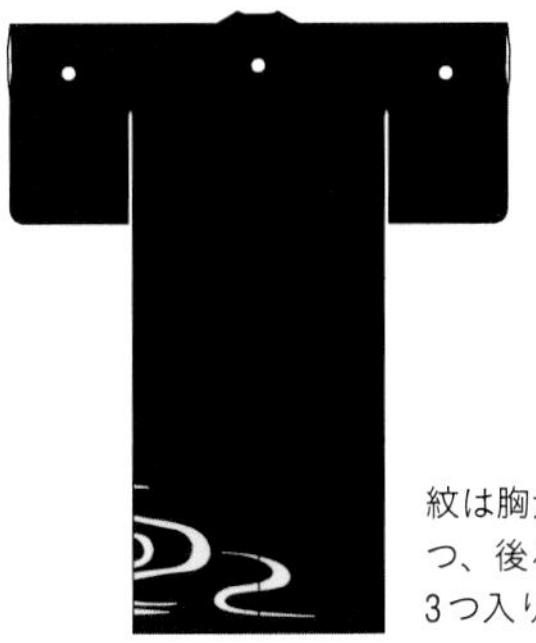

紋は胸元（抱き紋）に2つ、後ろの両袖と背で3つ入ります。

色留袖（三つ紋）

地色以外は黒留袖と同じ。きものを2枚重ねて着た昔の名残で、重ねているように見える比翼が裾に付けられています。最近は訪問着感覚で着まわしができるように、一つ紋で比翼を付けない場合も（色留袖のみ）あります。

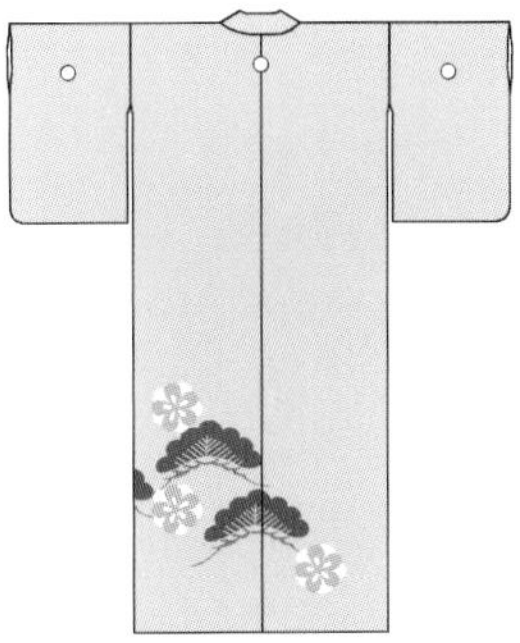

三つ紋の場合は、前に紋は入らず、後ろ3ヶ所になります。

色留袖は五つ紋または三つ紋、一つ紋の場合も

黒留袖は五つ紋が決まり

地色が黒か、黒以外か

比翼

重ねを略した比翼《ひよく》が付いています

振袖

未婚者の最上級の礼装。柄は全体に入り、半衿、帯締めなどの小物は自由で若い人らしく華やかなものを合わせます。

袂の長さには大振袖、中振袖があります

訪問着は、3タイプに分けると着るシーンがわかりやすい

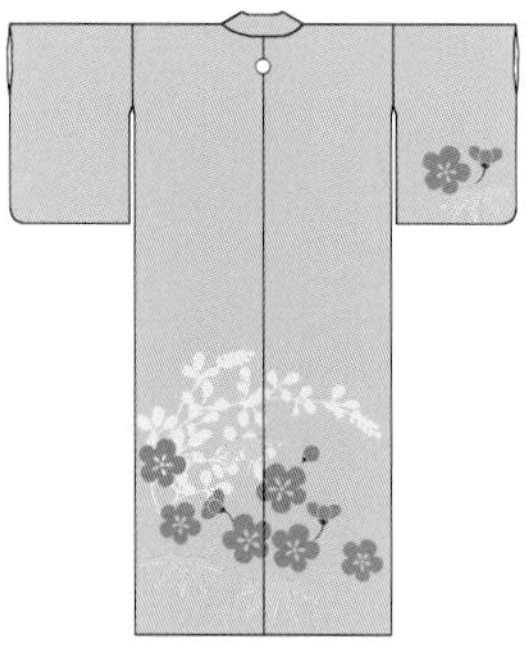

柄は裾と左前肩、袖の中心に入ります。一つ紋の場合は背のみに入ります。

格上

一つ紋付き

紋付き訪問着

1枚の絵のように柄が描かれているのが特徴で、前身頃から後ろへ続く柄もきちんとつながっています。訪問着であればどんな凝った柄でも軽めの柄でも、基本は同格ですが、紋が入ると格上になります。

重い訪問着

柄の密度が高い

金銀糸使いの豊かな模様

「重い訪問着」「軽い訪問着」は同格ですが、前者は手の込んだ技術を豊富に使い、柄の量も多いため、より華やかさがあります。

同格

軽い訪問着

さっぱりめの模様

軽い訪問着は付下げ感覚で

「軽い訪問着」のほうが付下げ感覚で着ることができ、汎用性がより高いと言えます。「重い訪問着」では大げさすぎる場合もあります。

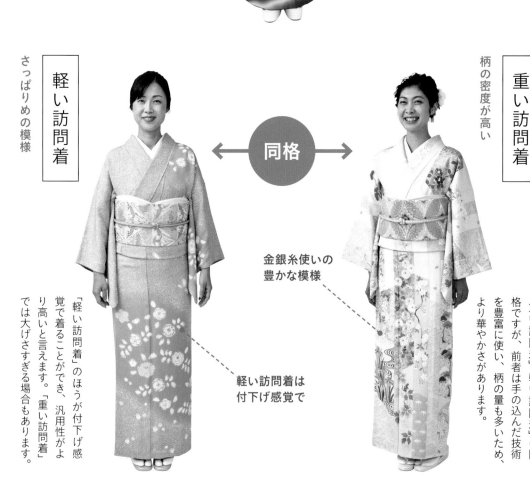

無地の一つ紋は控えめに礼を表すときに

柄がないきものです。江戸小紋は厳密には柄がありますが、無地と見紛う細かさと、元が裃から来ているため、無地紋付きと同格とされます。

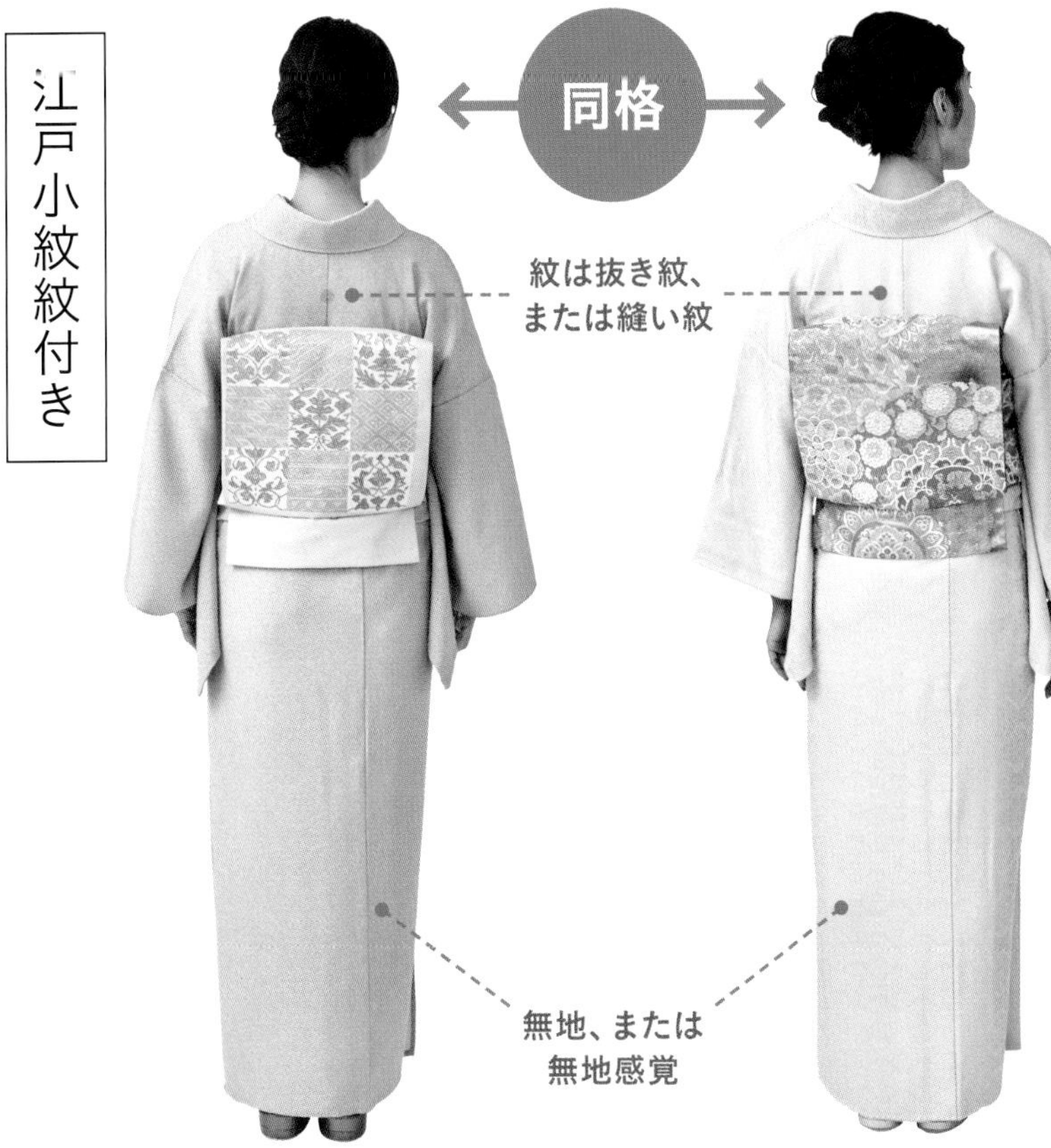

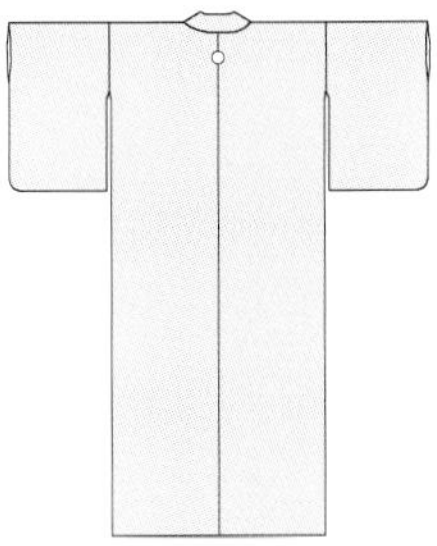

背紋が入ります。紋は抜き紋、縫い紋両方ありますが、縫い紋のほうが汎用性が高いです。

付下げと紬の訪問着は同格柔軟な着こなしが可能

付下げは、柄が前も後ろも上を向くように配置された、簡易版訪問着を目指したきものです。紬の訪問着は織りなので一段格落ちとします。

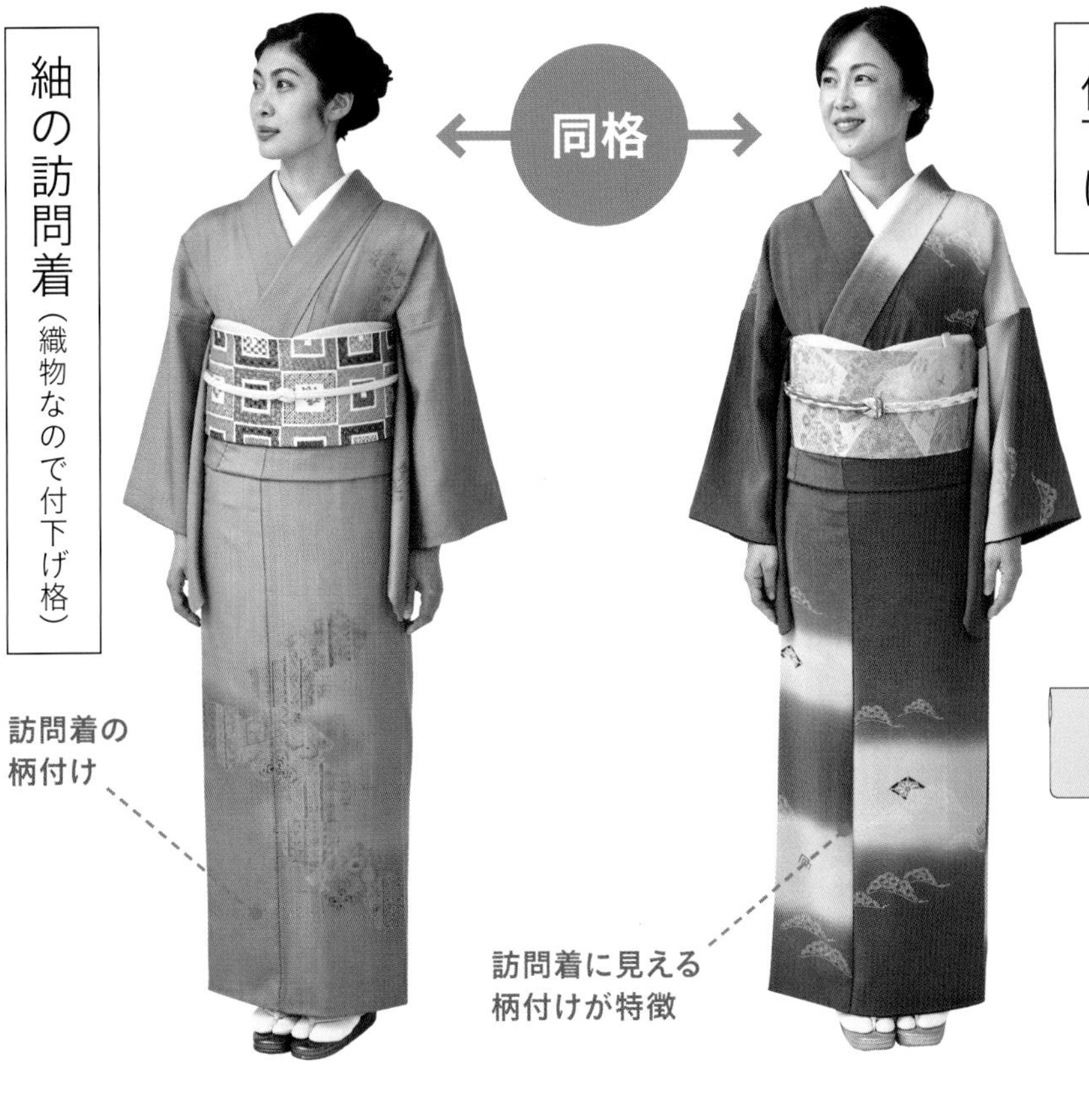

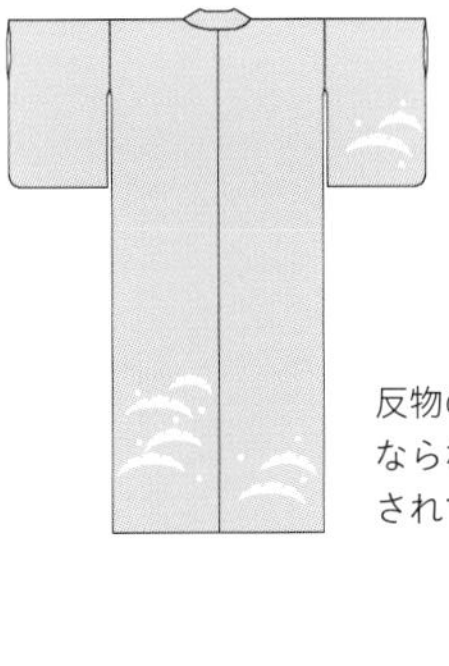

反物の状態で天地逆にならないように柄付けされています。

「日常きもの」では——

「格」はありませんが、きもの自体の質の違いで着るシーンを分ける考え方があります

先にもお伝えしましたが、「日常きもの」に「格」はありませんが、「質」の違いがあります。その違いが、居酒屋での女子会ぐらいなら着てもいいと思うか、パーティでぜひ着たいかの違いになります。具体的に言うと、木綿より絹、織物より染物ということです。紋がないからといって結婚式で着られないわけではありません。帯で上質な雰囲気（「格」ではなく）を出すことで着用可能なシーンも多いですね（P48参照）。しかし、「日常きもの」の身上はなんといっても自由なコーディネート。ルールなんてありません。自分らしく楽しんでください。なお、木綿や綿麻など、自分で洗うきものは必ず水通しを頼んで、縮ませてから仕立ててもらってくださいね。

おうちきものや女子会、街歩きにピッタリ

木綿

ゆかた以外はほとんど織物

地厚であれば秋冬も単衣仕立てで着られます。たいていのものは家で洗えます。

ウール

織物

秋冬も単衣仕立てで着るきもの。温かくシワになりにくい。

綿麻と麻は夏の定番、お洗濯もかんたん

綿麻

染物、織物両方ある

透け感が抑えめなので、麻より長い期間着られ、家で洗えます。

麻

ほとんど織物

透け感のある夏のきもの。大変涼しく、家で洗えます。

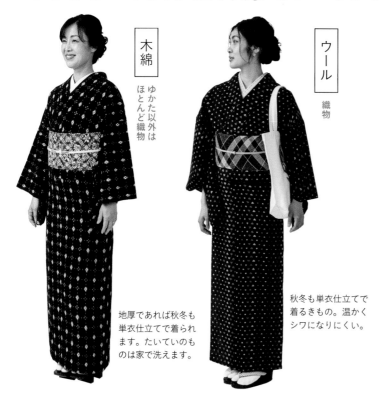

「日常きもの」に「格」の区別はない

小紋や紬はきもののおしゃれを満喫できるアイテム

小紋

染物

染物で柔らかな地風。てろんとした落ち感があり、紬より晴れやかさがあります。

紬（真綿紬）

織物

織物。ほっこりした温かみのある地風で、柄を織りで表現します。着付けがラク。

紬（大島紬）

基本的に織物

織物。ツルンとした地風で特有の光沢があります。とても軽くてシワになりにくい。

上質な小紋や無地は帯で格上げできます。

「日常きもの」以上、「しきたりきもの」未満で着まわしできるお役立ちの上質小紋と無地

友禅などの付下げ小紋

染物

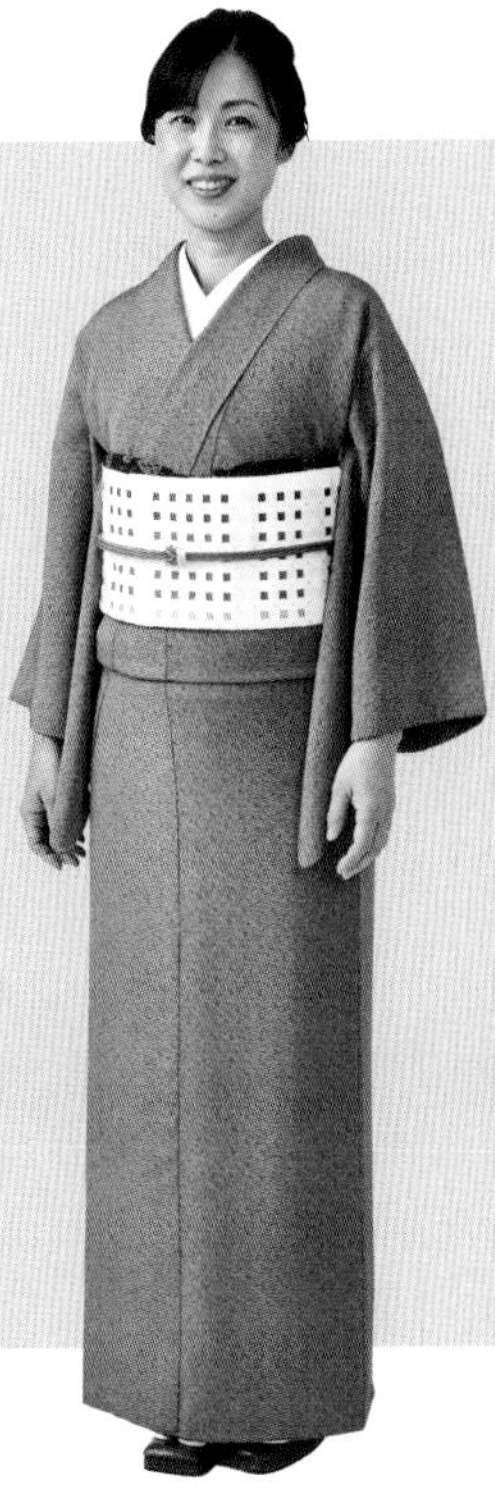

紋なしの江戸小紋

染物

紋がないからといって結婚式に着られないわけではありません。帯の合わせ方と小物の選び方で着用できることも。

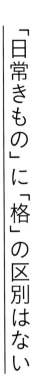

3 「格」と帯の関係

袋帯が格上、名古屋帯が普段用とは限らない

髙橋和江ナビ

しきたり

織りの帯を合わせますが、袋帯のすべてが格上なわけではありません

日常

「日常きもの」では金銀が使われている帯は避けます

きものだけで格が決まるわけではありません。きものが持っている格としての領域を上げたり下げたりできて、着る幅を広げてくれるものが帯や小物類です。そのためには、帯自体の格について確認すべき点があります。

というのは、名古屋帯はすべて普段用で、袋帯であればすべて格があると思っている方が意外に多いのです。袋帯でも「しきたりきもの」に合わせられない洒落ものがあります。また、名古屋帯だからと、お祖母ちゃんの箪笥から取り出した、金銀糸が入った帯を紬などに締めている方をたまに見かけますが、これは「日常きもの」用ではありません。昔は名古屋帯でも格をもたせることがありました。現在でも吉祥文様などが入った格のある織りの名古屋帯があります。これらは「しきたりきもの」にも合わせられるものです。

これらの基本を覚えておくと、「しきたりきもの」と「日常きもの」の境界線を自由に行き来できるようになりますよ。

しきたりきもの

袋帯

長さ4.2〜4.4m　幅約31cm

礼装に合わせる織りの帯。金銀糸・箔使いをしていて、柄は基本吉祥文様が多い。元は丸帯でしたが、重さやコストを考慮して袋帯がつくられるようになりました。

胴に巻く
1巻きめの部分には
柄がありません

袋帯六《ろく》通《つう》

丸帯を簡略化した袋帯を、さらにコストダウンしてつくられた帯。胴に巻く部分の柄を省略し、全長の6割ほどに柄があるので六通と言われています。

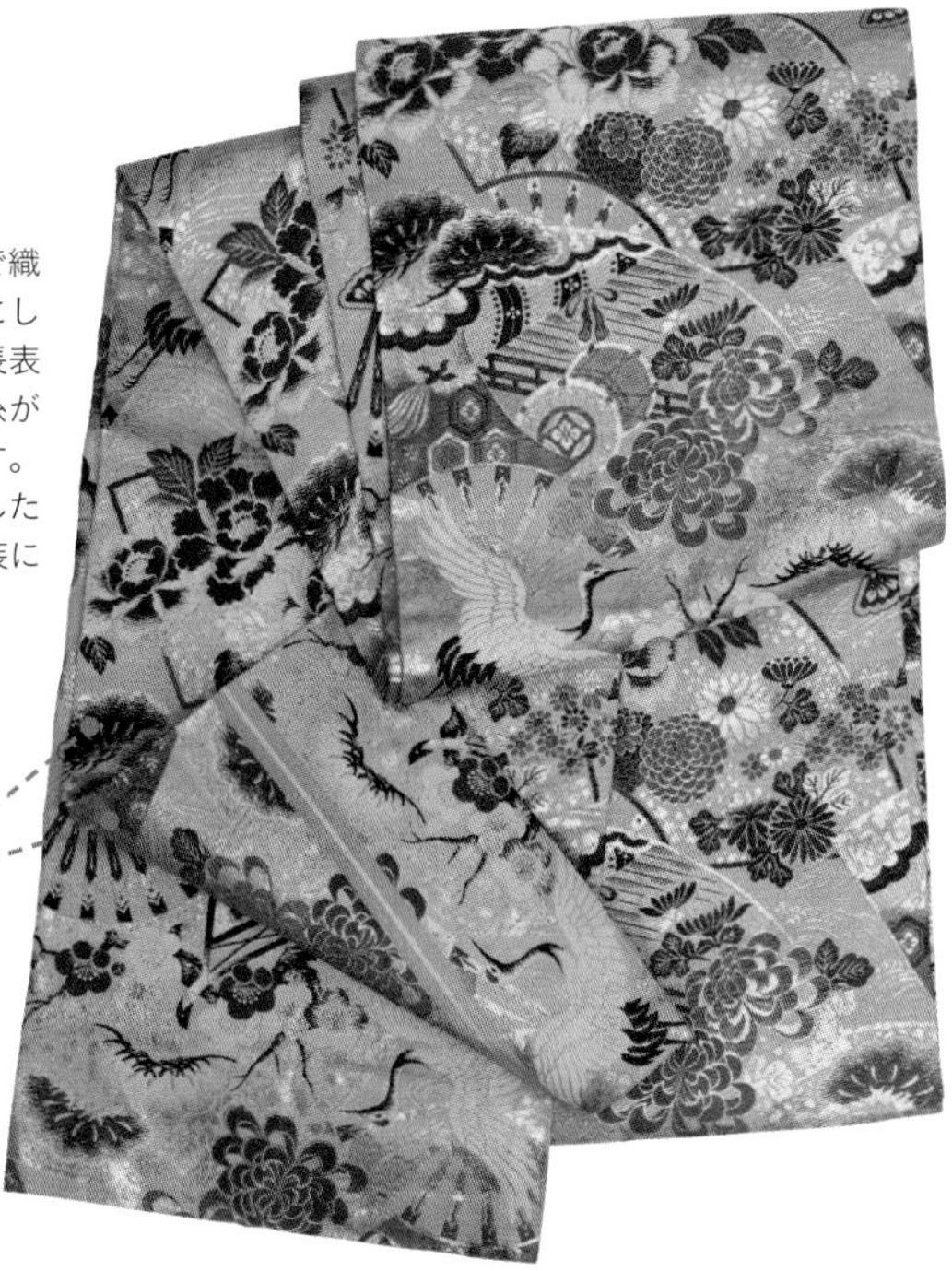

丸帯

帯幅のさらに倍の幅で織ったものを二つ折りにして仕立てたもの。全長表裏とも同柄で、金銀糸が使われた豪華な帯です。戦前はよく使われましたが、現代では花嫁衣装に使われるくらいです。

両面が同じ柄

袋帯全《ぜん》通《つう》

重い丸帯の簡略版として考案された帯で、表と裏があります。表地が全長を通して柄があるものを全通といいます。「しきたりきもの」に合わせます。

表と裏があります

名古屋帯

仕立て上がりで長さ3.6〜3.9m　幅30㎝

日常きもの　**しきたりきもの**

「日常きもの」用が主ですが、織りや柄で略礼装用もあります。きもののおしゃれを楽しめる帯です。

八寸名古屋帯

織りで芯を入れずに使用。代表的なものは博多織や自然布の帯。

仕立て後

八寸帯に多い開き仕立て
芯を入れないので帯は開いたままで使うときに折って締めます。

仕立て前

織り上がった帯幅そのままで使用します（現在は八寸より少し幅広になっています）。

九寸名古屋帯

帯芯を入れて仕立てる帯で、染め、織りともあります。

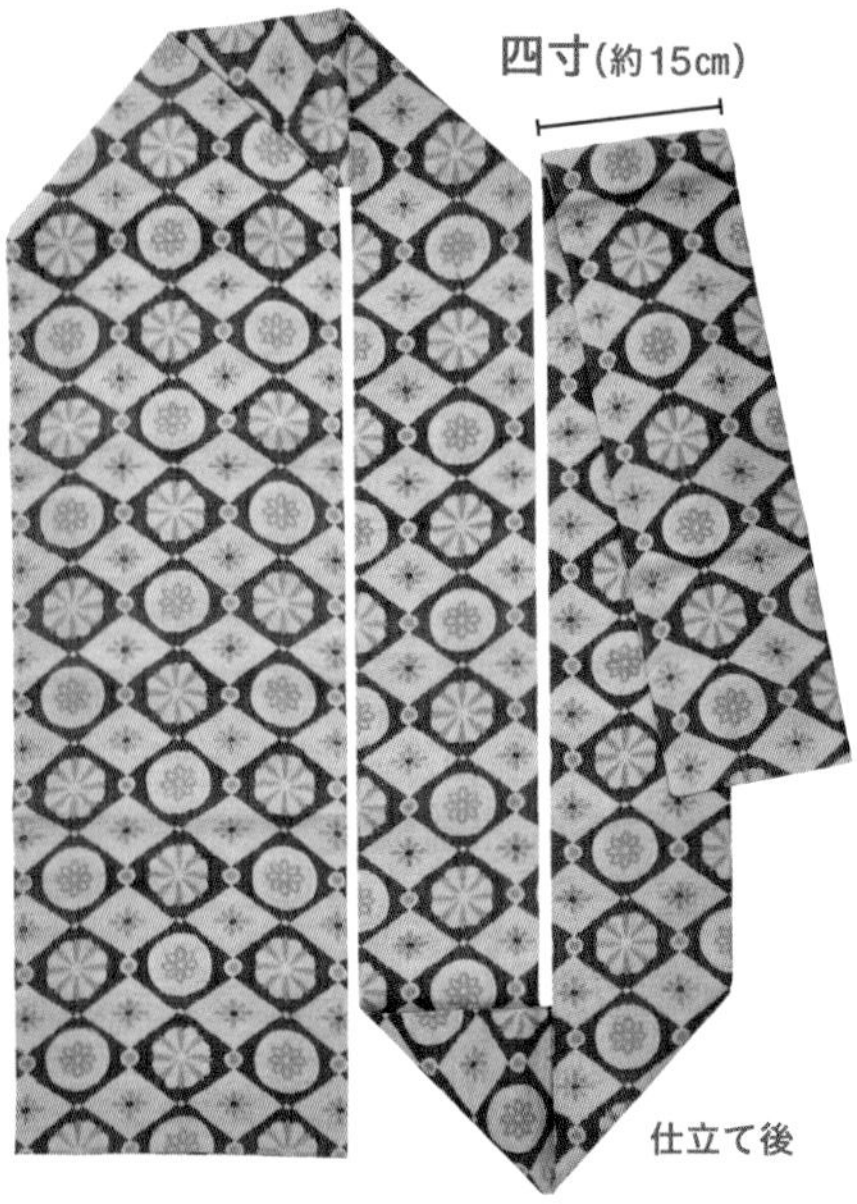

仕立て後

九寸帯に多い名古屋仕立て
なかに芯を入れて縫い合わせます。胴部分は巻く幅に折って仕立てます。開き仕立てもあります。

仕立て前

縫い代があるので仕立て前の幅は八寸帯より一寸（3・8㎝）幅広。

洒落袋帯

長さ4.2〜4.4m　幅約31㎝

日常きもの　**しきたりきもの**

おしゃれ用の袋帯で織りも染めもあります。織りや柄により略礼装やクラス感のある装いにも。

全長を通して柄があるタイプ。織りでも、写真の帯のように柄によっては「日常きもの」に合わせることもできます。

染めの洒落袋帯。染めであっても、写真の帯のように、松など、格の高い柄は付下げや無地紋付きに合わせることもできます。

半幅帯

3.6〜4.3m　幅15〜16㎝

おおよそ普通の帯幅の半分。織り、染めがあり、素材は絹、綿、麻、ポリエステルなど様々。紗・絽など夏専用と単帯（生地が1枚の帯。袷の時季には用いない）以外は、素材に関係なく通年使用OK。また、一般の半幅帯は名古屋帯程度の長さですが、小袋帯は袋帯くらいの長さがあります。工程に手間がかかっているものが多く、上質な小紋や紬まで広く着用できます。

織り小袋帯 正絹（通年使用）

単帯 紙布（袷の時季以外使用）

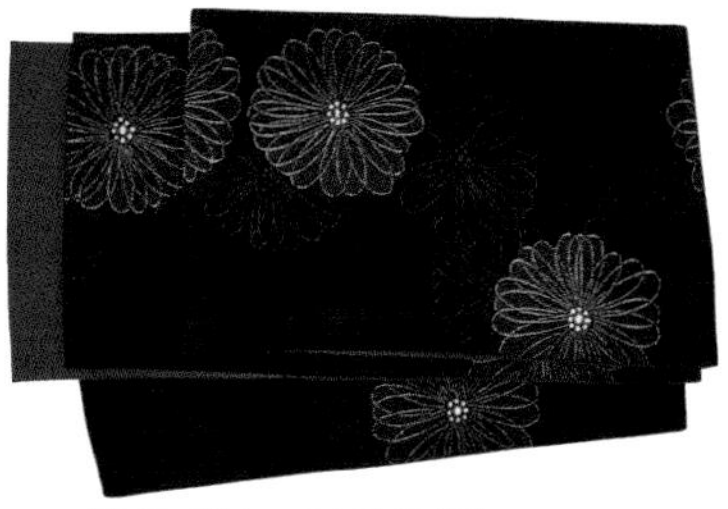

織りポリエステル帯（通年使用）

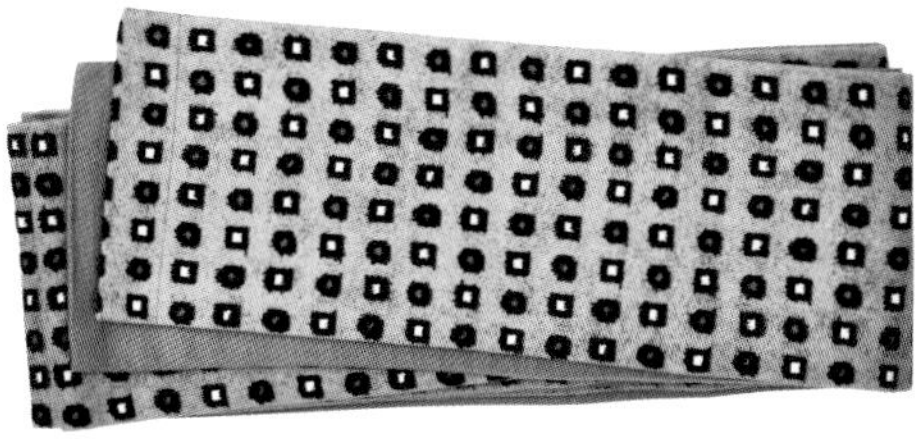

染め木綿帯（通年使用）

兵《へ》児《こ》帯《おび》

3.6〜4.2m　幅約31㎝

子供や男性の兵児帯からヒントを得てつくられた芯なしの帯で、リボン結びなどでかんたんに結べます。ファブリックや織りのものがあり、多彩な帯結びが考案されています。

柔らかいファブリック兵児帯

ハリのある織り兵児帯

高橋和江ナビ

しきたり

格の上げ下げは、帯の金銀糸箔使いか、モダンですっきりめかで判断
袋帯がフォーマル、名古屋帯が完全カジュアル、とは限りません

完全な「しきたりきもの」

親族の結婚式

留袖

＋

袋帯

金銀糸箔使いの重厚なもの

成人式や結婚式など

振袖

＋

袋帯

振袖に合えば母、祖母のもの
など時代ものでも可能です

結婚式・入園式・入学式・パーティなど

訪問着

＋

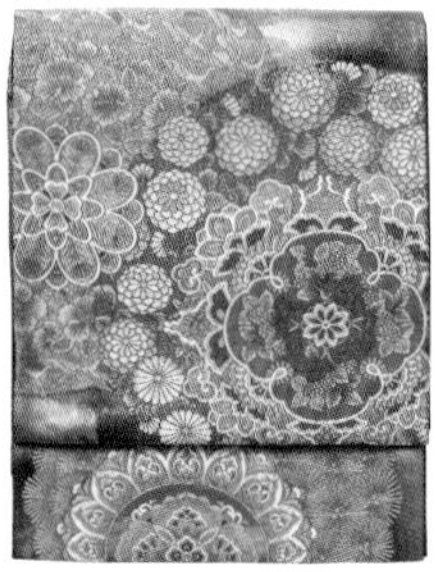

袋帯

織りの名古屋帯

雰囲気が重厚なもので
金銀糸使いや吉祥文様など

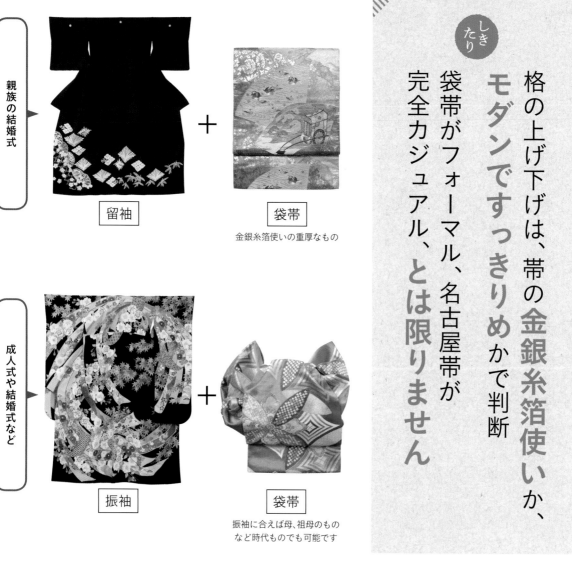

帯で変化が可能なきもの

付下げ

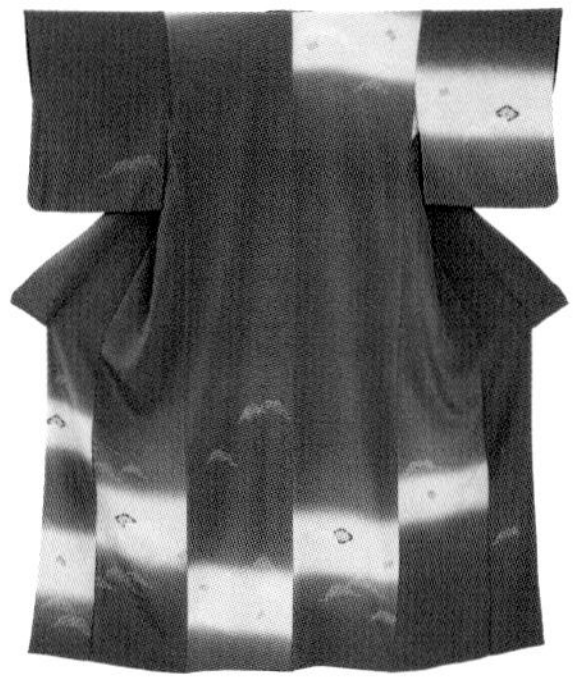

付下げは華やかでも紋がないので幅広い着こなしが可能

＋ 袋帯

織りの名古屋帯

雰囲気が重厚なもので金銀糸使いや吉祥文様など

格を上げたいときの帯

結婚式ほか
お祝いのパーティなど

＋ 洒落袋帯

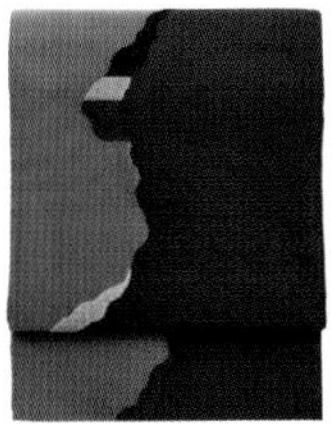

名古屋帯

大人のおしゃれ着として着るときの帯

観劇、食事会など

無地紋付き

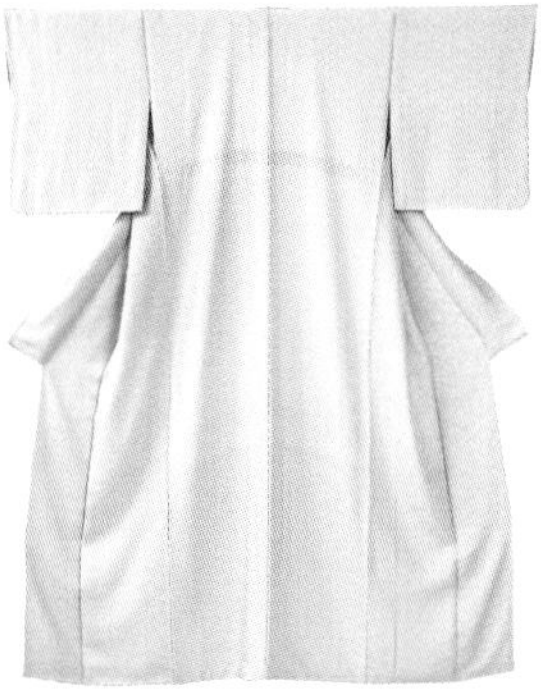

紋付きなので、ある程度あらたまったシーンで

＋ 袋帯

織りの名古屋帯

雰囲気が重厚なもので金銀糸使いや吉祥文様など

格を上げたいときの帯

入園式・入学式など

＋ 洒落袋帯

名古屋帯

大げさにならず礼を尽くしたいときの帯

お茶席、発表会など

色無地

堅苦しさがなく、きちんと感を気軽に表現

＋ 袋帯

上質な織りの名古屋帯

きちんと感がほしいときの帯

お茶席、イベントのパーティなど

＋ 洒落袋帯

名古屋帯

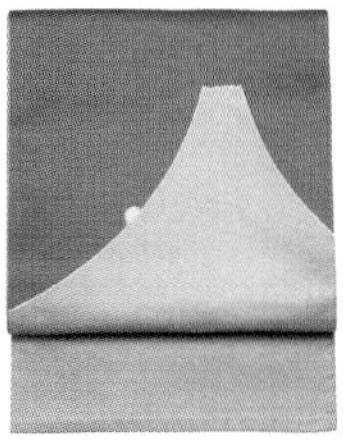

スマートなおしゃれ着として

ランチ会
ショッピングなど

高橋和江ナビ

しきたり

「格」は帯で上げ下げできます

無地紋付き

控えめな無地紋付きでも、しっかりした袋帯を合わせれば十分格を表現できます。このときは小物もある程度上質なものを使い、あまり強い色を合わせないほうが格調と品位が出ます。また、末広を差すと見栄えが全然違います。もう一方は黒地のマットな洒落袋帯。右と比較して重厚さが薄れていると感じ取れればOK!　あとはどのくらいのフォーマル度で、自分がどういう立場で臨むかを考えて選んでください。

付下げ

付下げは訪問着を簡略化したアイテムです。訪問着は1枚の絵として柄が描かれていますが（絵《え》羽《ば》柄《がら》といいます）、付下げは前後の柄の位置を想定して訪問着のような柄付けをしています。大げさすぎず、ある程度の華やかさと品位があるので、格の上げ下げのコツがわかればとても重宝する1枚です。左はツヤ感のない洒落袋帯と黒の半衿を合わせて、粋な大人のおしゃれ着としてコーディネートしてみました。

高橋和江ナビ

日常

帯で「雰囲気」をデイリー、スマートに変えることができます

江戸小紋無紋

江戸小紋は紋を付けることを許されている唯一の小紋です。江戸時代から武家が服制のなかで着用した歴史と、一見無地に見える精緻な柄ゆえ、無紋であっても帯次第できちんとした席に臨むことができます。右はお茶席や新春の集まりなどにふさわしい名物裂《ぎれ》の柄の袋帯。控えめですが、同じ織りでも左の帯より糸の艶やかさがあります。また白の草履でより雰囲気が改まっています。

小紋

「日常きもの」で人気のラインナップの小紋。マットな紬より光沢と生地のタレ感（落ち感）があり、はんなりした雰囲気があります。エレガントに寄せる、カジュアルにカワイく仕上げる、という緩急を付けやすいアイテム。右は名古屋帯を合わせ、穏やかなトーンでまとめたのでおめかし感が強く、半幅帯を合わせた左は色使いも含め、キュートで活動的な街着の雰囲気になっています。

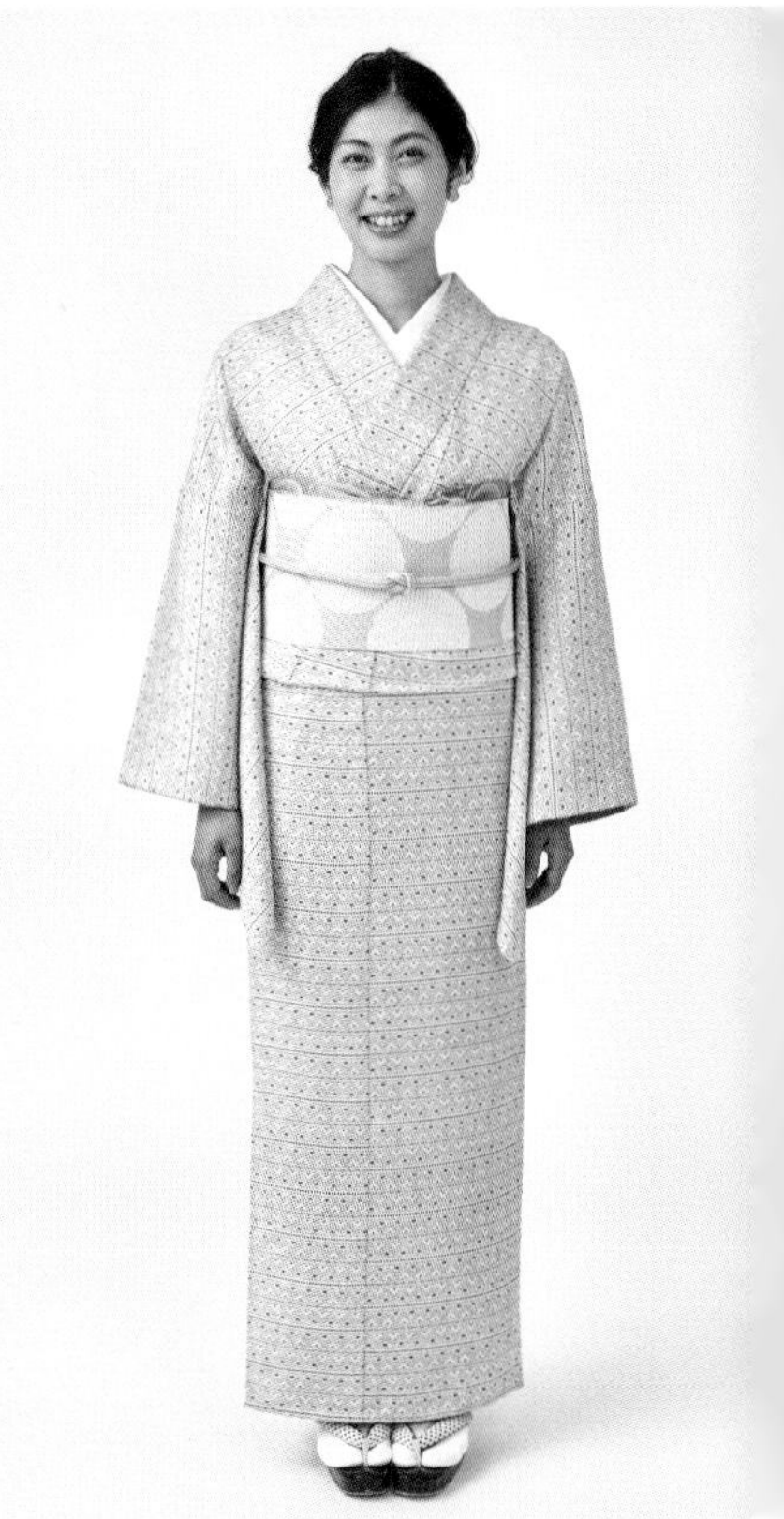

4 「格」と小物の関係

明らかなミスマッチは避ける

しきたり

「格」を上げたいとき、小物もふさわしいものを選びます

髙橋和江ナビ

帯締め

幅が広いもの 金銀使いのものは格上です

例えば、典型的な訪問着に豪華絢爛というほどではない袋帯を合わせたとします。ここに金銀が映える幅広の帯締めを合わせると結婚式仕様になりますが、この帯締めを冠組《かんむりぐみ》（ゆるぎ）※1のような優しい印象のあまり幅広でないものに変えると、着用範囲がグッと広くなります。また、礼装で三分紐※2を使ってもOKです。その際は金銀または無地で、帯留めは真珠や象牙、べっ甲、貴金属が入ったものや、大きめのものを使うときものとのバランスがとれます。丸ぐけ※3はそれしかなかった時代は正式とされていましたが、いまでは洒落ものが多いです。

※1　冠組（別名ゆるぎ）：紐の組み方の一種。平組より立体的な組み方。
※2　三分紐：紐の幅が通常より狭い、帯留め用の帯締め。
※3　丸ぐけ：綿の入った帯締め。

帯揚げ

礼装では濃いより薄い色、柄ものより無地もの

基本的に言えることは、礼装感を出したいときは白か淡い色を、中間色や濃い色はモダンテイストやファッション要素が強くなるものと考えるとかんたんです。また、同じように無地感のものは礼装的で、柄が多いほど日常的になる、もしくは洒落ものになると考えましょう。生地はできるだけしっかりとした地厚のものを選ぶとよいですよ。生地が薄くてペラペラしていると、ボリュームがなく貧相になります。

バッグ

大きいものより小さいものを

バッグは意外にかんたんです。なぜなら洋服にも共通しているからです。礼装用は金銀や白っぽいものが主流ではありますが、濃い色がダメということではありません。小さめですっきりしていれば、ハンドバッグ、クラッチ、どのタイプでも使えます。
反対に大きくなるほど日常的な印象になります。大きめでピカピカしたものは、柔らかもののおしゃれきものには合いますが、マットな紬では浮いてしまうかもしれません。

半衿

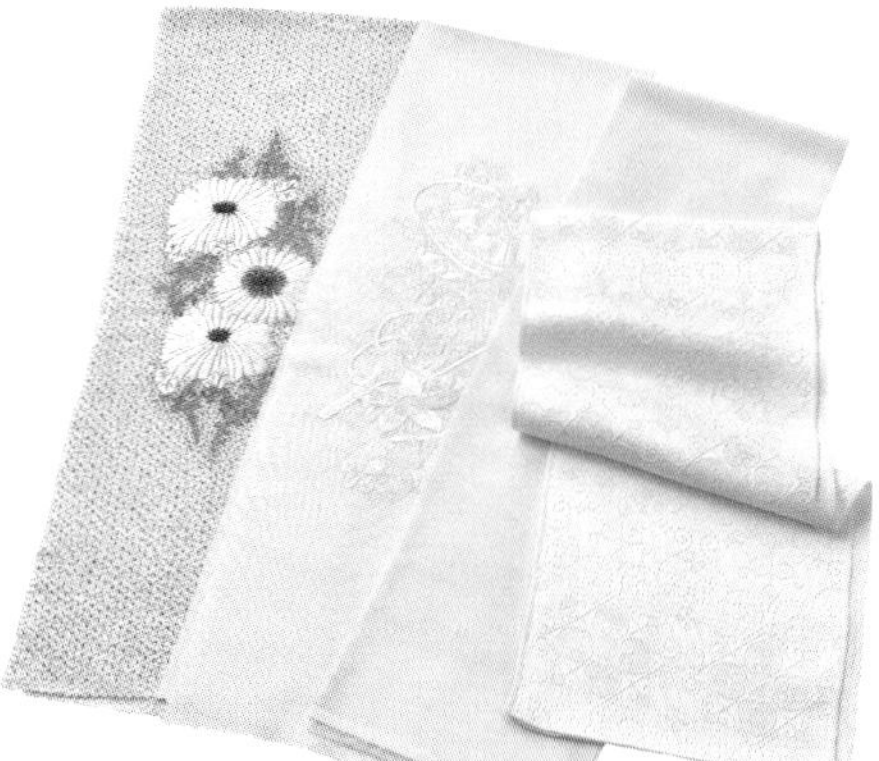

基本、白 刺繍も白、金銀糸になります

基本は塩瀬の白、無地感、またはふくれ織りの白。それに金銀白糸の刺繍のもので、艶がある生地になるほど礼装に寄っていきます。色柄もので、マットな質感になるほどおしゃれ感覚に。もちろん、半衿の白はカジュアルなシーンで使ってもOKです。

草履

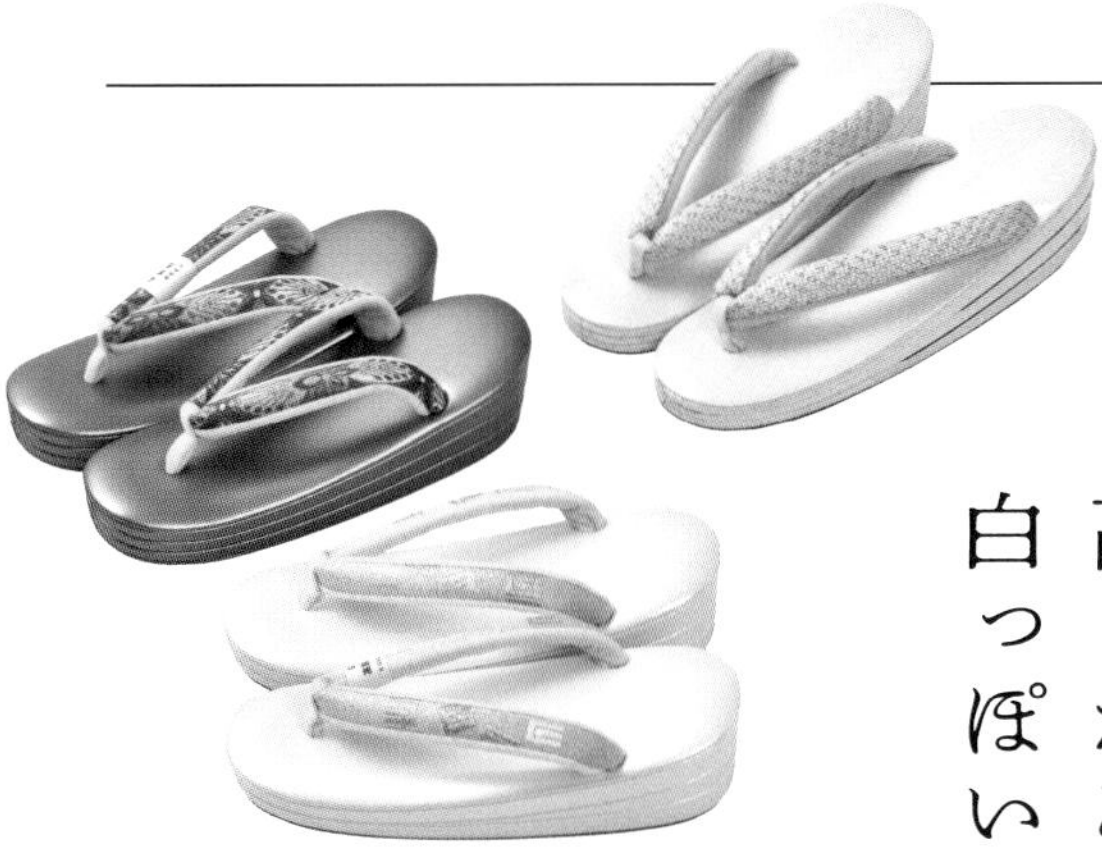

高さがあり、金銀使いや白っぽいものを

振袖用の草履にあるような濃い色のものもありますが、基本礼装用は本革、高さがあって（ヒールで言えばハイヒールということです）、金銀または白っぽいものを選ぶと間違いありません（合皮で礼装感のある草履も随分と出てきましたが艶感、上質感では本革に劣ります）。それ以外の高さのない草履、濃い色のもの、ウレタン、ゴム製のものなどは「日常きもの」用になります。

お母さんのお下がりと思われる礼装用の草履、紬や小紋に合わせるのはNGですよー。

第3章 実践編

「日常きもの」「しきたりきもの」

着付けの考え方は様々ですが、
私は「日常きもの」であれば、
必ずしもきちんとした隙のない
着付けである必要はないと考えます。
そして、「日常きもの」だからこそ、
ちょっと寸法にこだわると、
その後の着付けがグンとかんたんで、
手早く、体もラクになることを
知っていただきたいのです。
また、「しきたりきもの」にも
エレガントに見える寸法と
着付けのポイントがあります。
私がオススメする、
着付けと寸法のポイントをナビします。

1

着付け おはしょりと背縫いと衿幅

「日常きもの」の着付けは、完璧である必要はないと思っています。着付けの方法は、個々で覚えた、あるいは習ったやり方でよいのですが、私が思うに、ここは気にしなくてもよいのに……という点や、また、ここを意識すれば、着姿がまったく違ってくるという点もあります。そんな着付けの、ちょっとしたポイントを取り上げました。参考にしてください。

2

寸法を2つもつススメ

自分の寸法を知っている人は多いと思いますが、多くは1つの寸法ではないでしょうか。私は寸法を2つもつことをオススメしています。その理由は、「日常きもの」の着やすい寸法と、「しきたりきもの」の豊かな着姿をつくる寸法は同じではないからです。1つの寸法ですませると結局、どちらにもデメリットが出てきます。ここでは、その寸法の違いをナビします。

3

着付けで変わる寸法

寸法はその人その人で違いますが、寸法を出すときに基準になる“並寸”という標準寸法があります。基本は身長や腰回りで割り出すのですが、実は着付け方でも寸法は変わってきます。そこを知らないと、せっかくのお誂《あつら》えも着やすさが半減します。特に腰紐の位置が低めという方はぜひ参考になさってください。

4

素材と帯結びの関係

最近は昔と違ってお太鼓だけでなく、角出しや銀座結びをする方も増えています。また半幅帯は様々な新しい結び方が考案されています。しかし、思ったようなかたちにならない、ということはありませんか？ それは、帯の素材がその結び方に向いてないのかも。素材の違いを知って帯を選べば、思い通りのかたちをつくれますよ。

1 着付け

気にしたい点と、しなくてもよい点

高橋和江ナビ

日常　しきたり

「日常きもの」は隙ありでよいのです
衿幅と帯幅を使い分けるだけで着姿が違います

昭和と違って、最近のきものは〝着る〟だけではなく、〝きれいに着なければならない〟と考える人が多いと思います。「日常きもの」とは言いながら、そこはファッション。おしゃれに仕上げたいという意識がはたらくのだと思います。

実際、着付け教室も手順だけでなく〝きれいに着る〟ことが、先生からも生徒のほうからも求められていると思います。それはそれで悪いことではありませんが、しかし、私は「日常きもの」の着付けは完璧である必要はないと思っています。「なんだ、これでもいいのね」と思うことで、着ることの億劫さが1つでも減ったら、そのほうがいいと思いませんか。また逆に、ここを意識すれば「しきたりきもの」の着こなしがもっとすてきになるのに……という点もあります。

おはしょりの処理に手こずるという人、衣紋の抜き加減に悩む人、背中心のラインがずれているのはどうなの？という人。そして衿幅や帯幅の見た目の違いなど。意外と着目されていないポイントがあります。ここでは、着付けの気にしなくてよい点と、気にしたい点をナビゲートします。

舟底形おはしょり

真っ直ぐおはしょり

おはしょりは、真っ直ぐでも、舟底形でもOK

おはしょりのラインはTVや雑誌の影響で真っ直ぐが主流になってきました。ですが日常的にきものを着ていた時代には、おはしょりは斜めの舟底形も多かったのです。

というのも、きものの構造から言うと、腰紐をして衿元を合わせるとおはしょりが斜めになるのは当たり前だから。好みはありますが、おはしょりは舟底形でもよいのです。紐が1本減りますよ。

印刷物と実際の着付けの違いは理由があります

「日常きもの」の着付けはゆるくてもよいと言いながら、本誌も含めた書籍や雑誌のきものは、とても美しい着付けです。それは、人の動きに伴ってできたシワや凹凸は気にならないのですが、動きのない写真ではとても気になるからです。本来伝えたい情報が伝わりにくくなるから、余分な要素は排除するのです。リアル着付けと撮影用着付けの違いは念頭においてください。

背縫いと衣紋の決めつけ、思い込み

下の背縫いは
ずれても問題なし

衣紋は必ずしも
抜かなくてよし

昨今、成人式の振袖の着付けや、結婚式場の着付けの現場で、「背中心が真んなかにきていない」という注意をご家族から受けることがあるそうです。「日常きもの」でも「誂えたのにずれるんです」と言う方がいます。背縫いは背中で真っ直ぐであれば、下半身はずれてもまったく問題ありません。なぜなら下半身の背縫いの位置は身幅で決まるからです。背縫いが真んなかに来るようにぴったり仕立てると、はだけやすくなります。少し広めの身幅で背中心も右にずれるくらいが着崩れしにくく、動きやすいのです。

衣紋の抜き加減は完全に好みです。抜き方が少なめであっても別段おかしくはありません。しかしいまは抜くのが主流です。かつて繰越寸法は五分が標準だったのがいまでは七分が一般的。多い人は一寸になっています。繰越寸法を多くとると衣紋が抜けると思っている人が多いようですが、衣紋と繰越寸法は関係ありません。私自身は衿を詰めるのが似合わないので抜きますが、いろんな着方があってよいのです。「抜くのが正しい」と決めつけないでくださいね。

格上のきものは衿幅、帯幅が狭いと貧相です

衿幅が適正
帯幅が広め

衿幅が狭い
帯幅が狭い

これは気をつけましょう

広衿は衿を折って着ますが、習慣的に半分に折っていませんか？ 衿は背中心から前に向かって少しずつ広くなるように折ります。特に「格」のあるきもので衿幅が狭いとほんとうに貧相です。同様に、「しきたりきもの」の場合は帯幅も広めにします。留袖や訪問着の「格」にふさわしい、豊かな着姿になります。写真右と左を比較して見てください。同じモデルが同じ訪問着を着ても、衿幅と帯幅の差で印象が違います。右のほうがたっぷりとしたきものの豊かさがあり、エレガントですね。

きものの豊かさが表現されている色留袖の衿幅

2 寸法を2つもつススメ

寸法は2つもちましょう

高橋和江ナビ

日常

着やすさ、動きやすさを優先した寸法

しきたり

「しきたりきもの」はエレガントに見える寸法があります

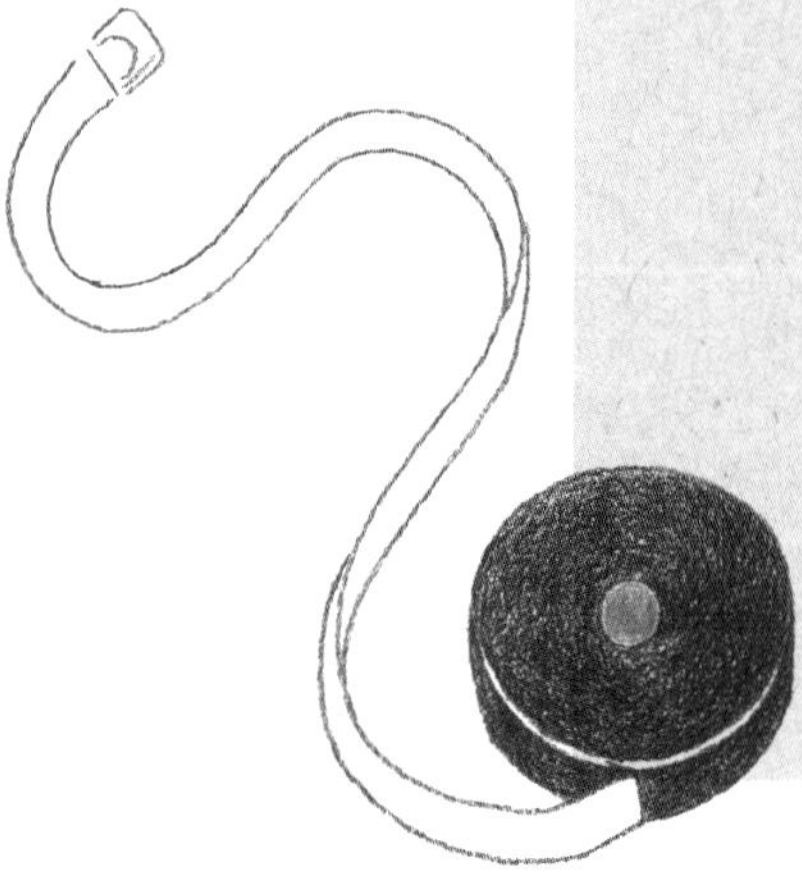

きものの存在意義が礼装にシフトした時代には、仕立ての方法、寸法とも画一的になっていきました。かつて寸法は、日常着とお出かけ着、本格的な礼装用と、2〜3通りの寸法を使い分けていました。それは、きものによって変えたほうがよい理由があるからです。

きものに目覚め始めたら、絶対にマイサイズを決めるように心がけてください。寸法はお店によって考え方が違います。違う店で購入するたびに、そのお店の寸法で仕立てるのは止めましょう。

まず手元にあるきもので着やすい身丈、袖丈、身幅などを出します。よくわからないという場合には、最初に利用したお店で測ってもらって記録しておいてください。皆さん、最初はコーディネートに傾きますが、寸法はそれ以上に大切なことです。

そして、2種類の寸法をもつことをオススメします。ゆかたも訪問着も同じ寸法というのは、ちょっと違和感がありませんか？「日常きもの」はサッと着られて動きやすい寸法が理想的。一方「しきたりきもの」はエレガントで品格の感じられる寸法が理想的。ぜひ、寸法の奥深さを楽しんでください。

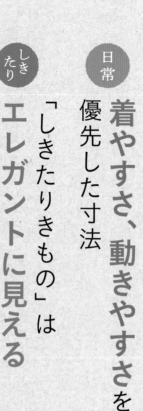

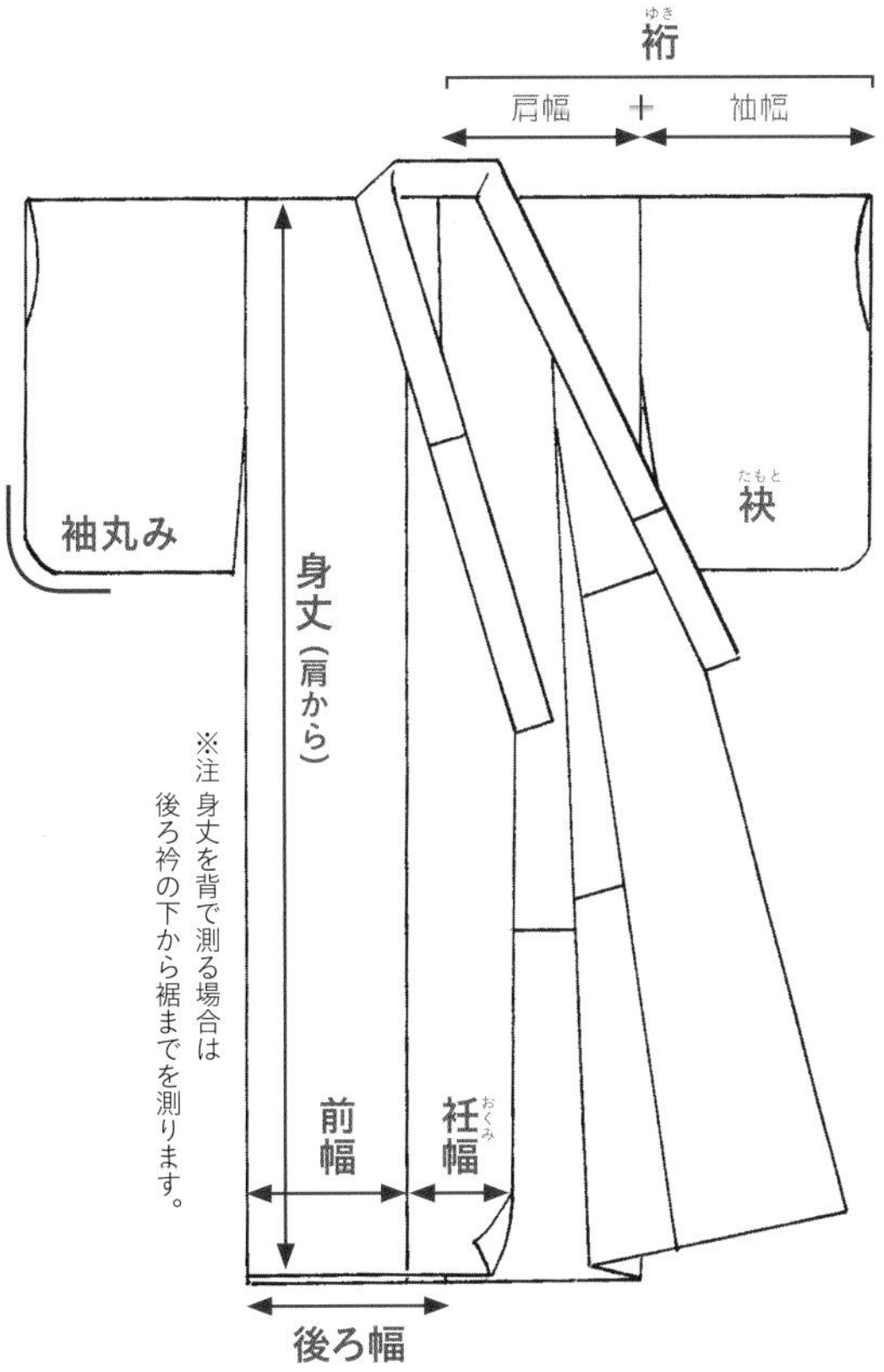

※注 身丈を背で測る場合は後ろ衿の下から裾までを測ります。

「日常きもの」と「しきたりきもの」の寸法見本

（身長160cm標準体型の場合）

しきたりきもの	日常きもの	
166cm	160cm	身丈
68cm	66cm	裄《ゆき》
54cm	49cm	袖丈
2cm	5〜6cm	袖丸み

Q 身丈を変えるのはなぜですか？

「日常きもの」は余分な布が少ないと着付けが早くラクにできます。しかし、「しきたりきもの」では体にぴったりで活動的な着姿より、きものらしい大人の豊かさを表現したいもの。補整を入れたり、おはしょりも舟底形ではなく真っ直ぐに仕上げたいと思うと、「日常きもの」よりやや身丈があるほうが整えやすく、結果、品格のある着姿になります。

Q コートや羽織はどうすればよいですか？

コートや羽織で完全に礼装用と位置付けられないものは袖丈は短いほうに合わせましょう。袂がなかで遊んで振りから飛び出してくるよりは、少し折りたたんで納めるほうがすっきりします。裄は長いほうに合わせておけば、きものが袖口から出てくることがないので安心です。

Q でも袖丈や裄を変えると襦袢が困ります

襦袢の裄は、裄が短いほうのきものに合わせます。これでどちらも袖口から襦袢が出ることはありません。そして袖丈はお出かけ着となる、長いほうの袖丈を優先します。袖丈が短いきものでは袂に袖が少したまるくらいですが、短いほうに合わせると長いほうを着る際に襦袢袖が飛び出してしまいます。また、「日常きもの」は筒袖の肌着でOKですよ。

実践編

「寸法の違い」をかたちで見るとこんなに違いますよ

髙橋和江ナビ

日常

気軽なきもので裄が長すぎると垢抜けません

最近、「裄が短い」と気にする人が多いですが、木綿や麻で裄が長いとむしろ野暮ったく、そして夏は暑いのです。わずかな違いですが、裄が少し短いだけでほんとうに涼しさが違います。

裄長め

適正な裄

写真は小千谷縮《おぢやちぢみ》(麻)です。「日常きもの」はこれくらいの丈でもOKです。手首にかぶると暑苦しい印象になりますね。

「日常きもの」はこれくらいの裄でもOK

ちょっと手首が出るくらいでもOK

丸みが大きいとカジュアル感と躍動感が出ます

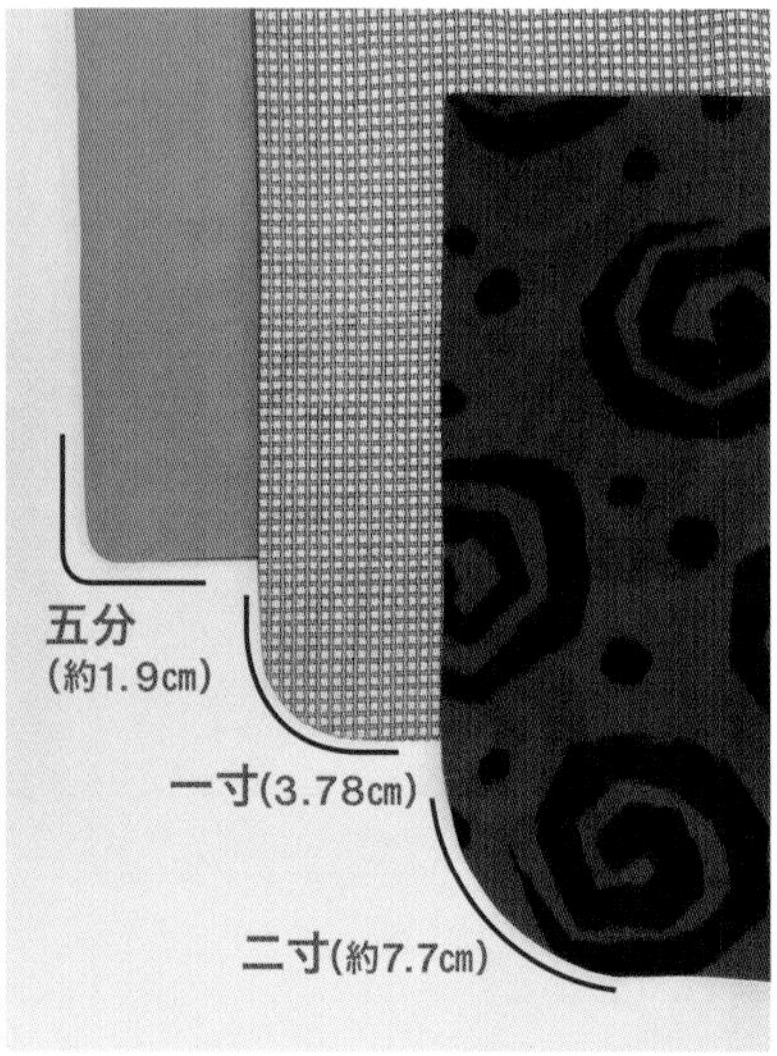

袖の丸みが大きめだと活動的でカワイイ印象になります。また背が低い人は丸みを大きめにするだけでも、袖丈が長く見える印象が緩和されバランスがよくなります。

髙橋和江ナビ

しきたり

袖丈を少し長くすると上質さが3割上がります

いまは襦袢との兼ね合いもあり、袖丈は一律約49センチでつくられています。しかし、身長150センチの人と160センチの人が同じ袖丈って、おかしくないですか？ 袖丈で着姿の印象がまるで変わります。特に上背がある人は、もし「しきたりきもの」をつくる機会があれば、ぜひ、袖丈を少しだけ長くしてみてください。

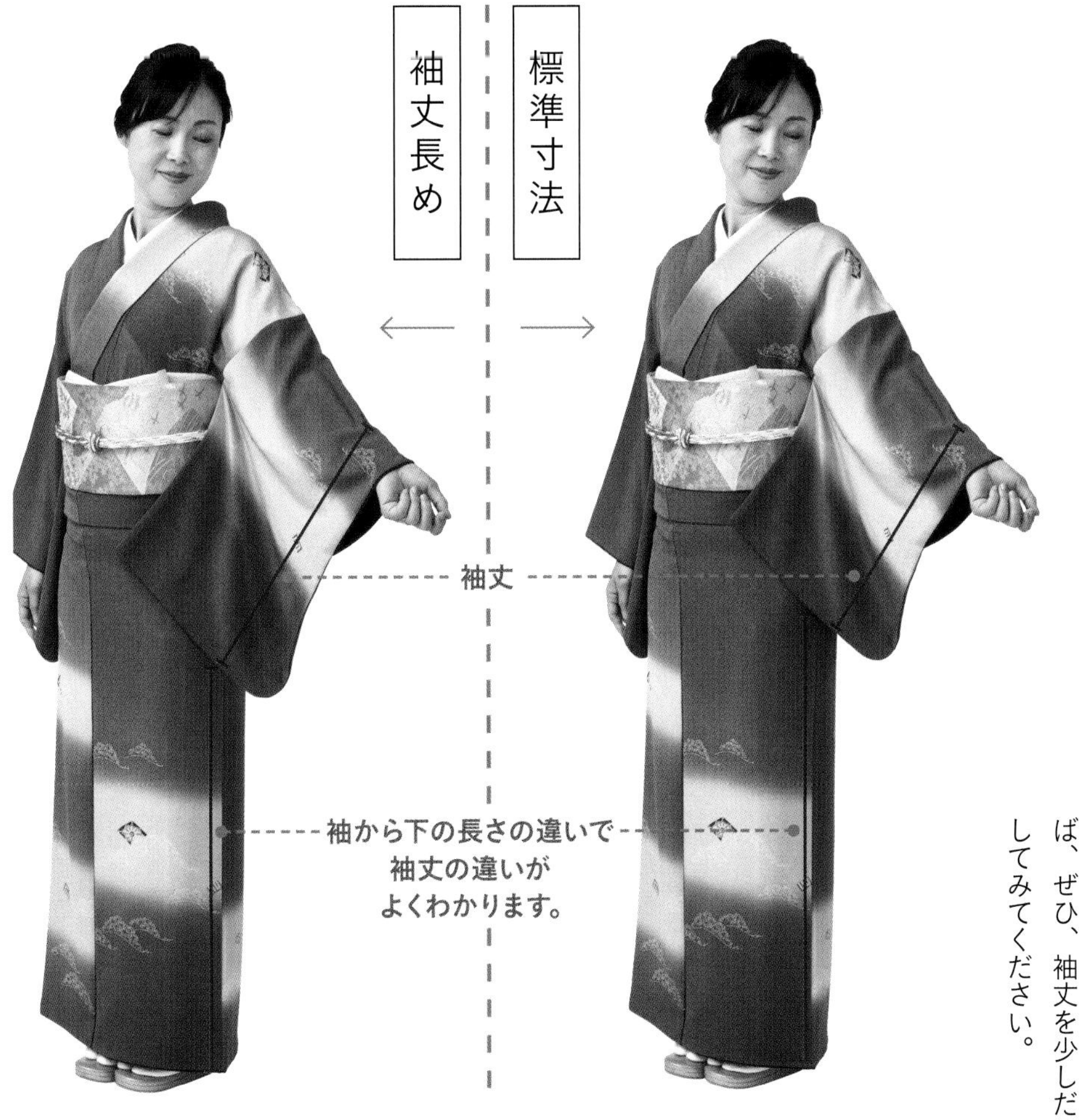
袖丈長め
標準寸法
袖丈
袖から下の長さの違いで
袖丈の違いが
よくわかります。

「しきたりきもの」はなぜ大きめ？

留袖や訪問着などの柄は1枚の絵のように描かれており、標準寸法で前身頃と後ろ身頃の柄がきれいにつながって柄が合うように描かれています。この柄を優先させてつくると、細身の人には大きめになります。また「しきたりきもの」は何回もつくり直しをしないので、多少の体型の変化を吸収できるようにという考え方もあって、気持ちゆったりめになっています。

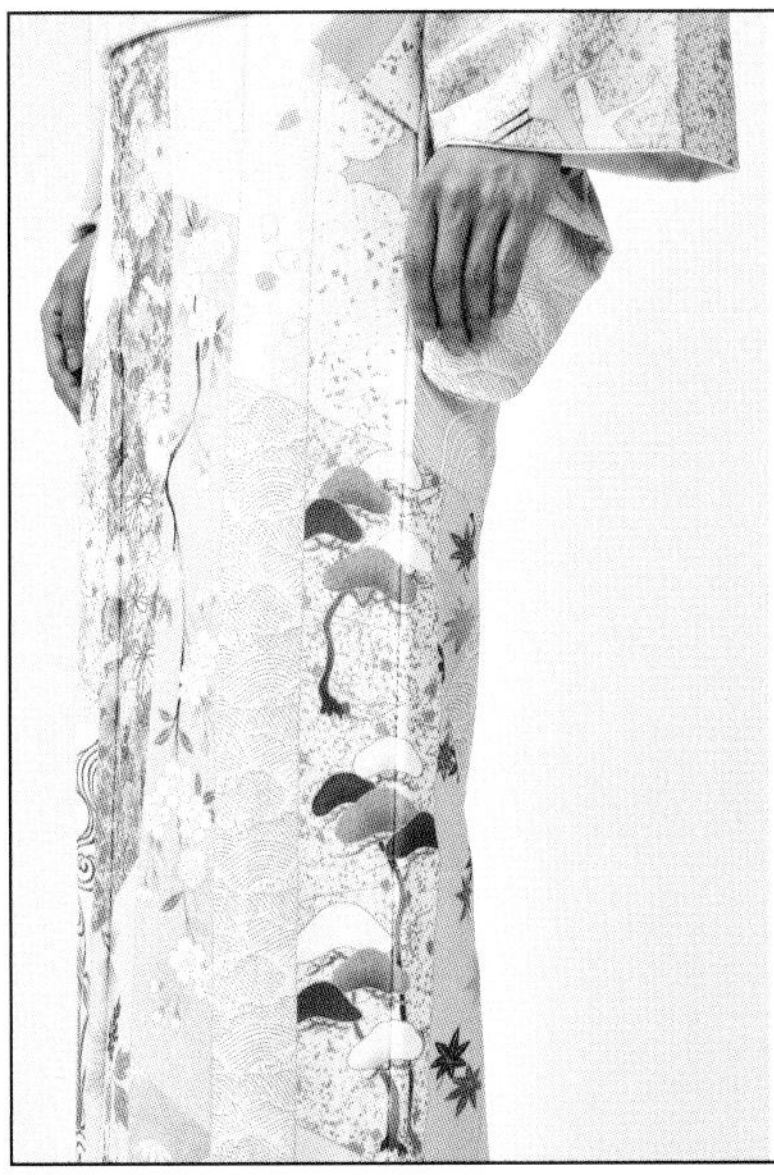

左は柄からオーダーしたものなので脇でピッタリ合っています。上は一般の訪問着として販売されているものを細身の人が仕立てたもの。脇縫いで柄が縫い代に入り込んでいます。

3 着付けで変わる寸法

腰紐位置を検証しましょう

髙橋和江ナビ

日常

腰紐と帯の位置で、身丈の寸法が変わります

しきたり

寸法できものの上質感と、着姿が変わります

自分できものを着られるようになるとよくわかりますが、人にはそれぞれ腰紐の位置の好みがあります。ウエスト（スカートのベルトが当たる部分）に締める人と、腰の低い位置に締める人がいます。これで何が変わるかと言えば、身丈とおはしょりの長さです。

腰紐の位置を考慮せず、身長・体型から割り出した標準の身丈だと、腰紐の位置が低い人には長い身丈になってしまいます。つまりおはしょりが長くなるので処理にひと手間かかり、紐も多く使うことになります。同様に、帯位置の高い低いでも影響が出てきます。きものは寸法次第で、着やすさがまったく違います。

特に「日常きもの」ではかんたんにラクに着られることが肝要。そして腰紐の位置に関連してお伝えすると、衿先の長さに着目していただきたいと思います。衿先が腰紐にきちんとかかっていますか？　ここは着崩れにつながる重要な要です。衿先に腰紐がきちんとかかっていないと裾周りの身頃の押さえが甘くなり、広がりやすくなります。かといって長すぎておはしょりよりかなり下に出るのも間が抜けます。ここはしっかり検証してください。

腰紐の位置が違うと同じ身長でも着やすい身丈の長さが変わります

腰紐の位置と身丈の関係を検証しました。「日常きもの」なら、腰紐を締めておはしょりがちょうどよい長さになるように身丈を決めれば、着付けもラクです。しかし「しきたりきもの」は高い草履を履き、着丈もたっぷりとります。おはしょりもきれいに整えることを考えると、「日常きもの」より身丈が長いほうがきれいに格調高く着られます。

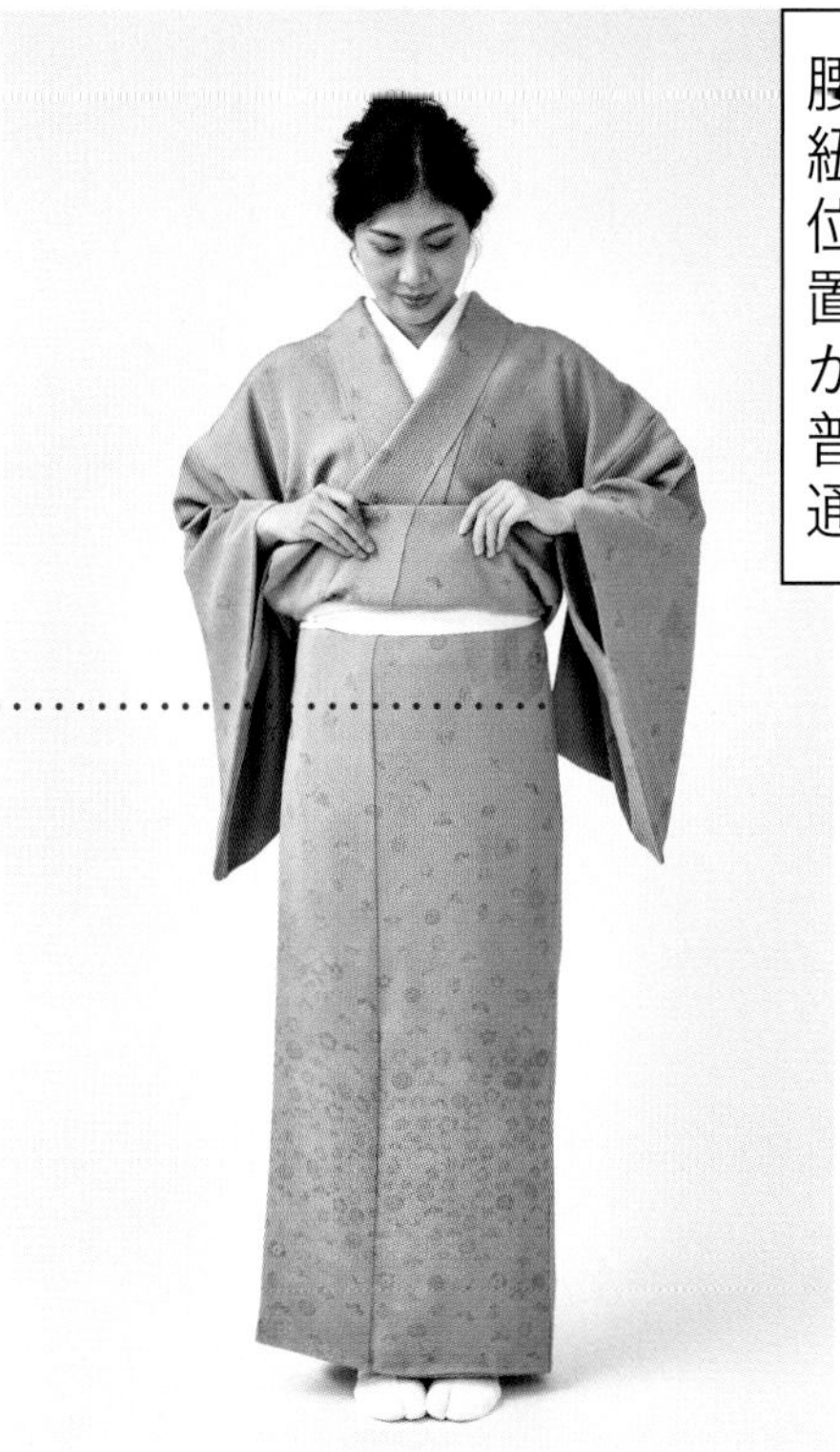
腰紐位置が普通

↓

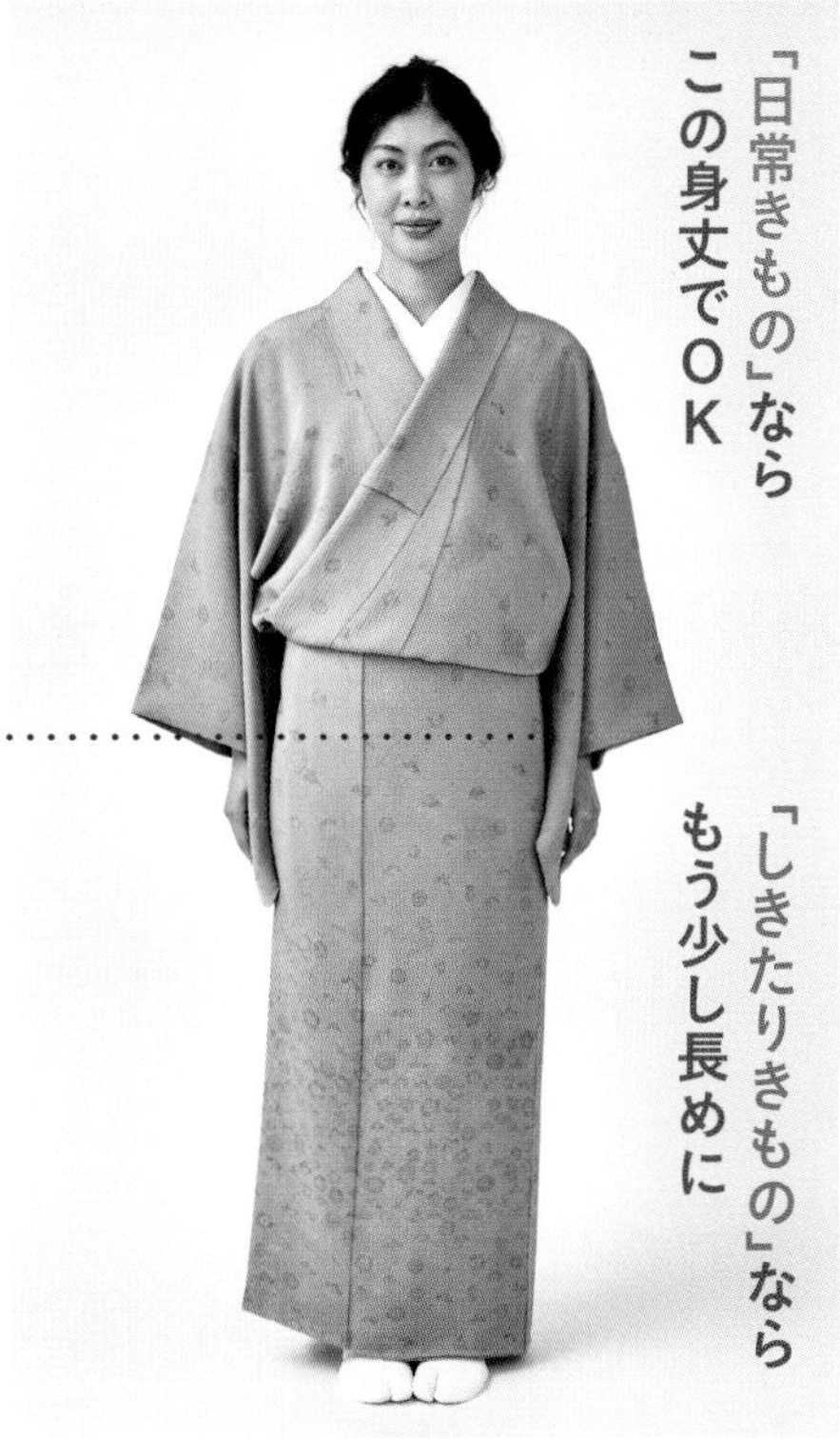
「日常きもの」なら
この身丈でOK
「しきたりきもの」なら
もう少し長めに

このまま伊達《だて》締《じ》め、帯を締めてもおはしょりが適正な長さで収まります。「日常きもの」ならこの身丈で着付けるのがラクチン。「しきたりきもの」ならもう少し身丈を長くします。

腰紐位置が低め

↓

「日常きもの」だと
身丈が長め
「しきたりきもの」なら
この身丈でOK

こちらはこのまま伊達締め、帯を締めるとおはしょりが長すぎるのでこの段階でおはしょりの処理が必要。「日常きもの」なら少し身丈を短くするのがオススメ。「しきたりきもの」ならこれでもOK。

4 素材と帯結びの関係

ハリがある帯、ない帯で変わる仕上がり

高橋和江ナビ

日常

柔らかい帯のお太鼓は帯枕高め、角出しはハリのある帯がきれいに仕上がります

半幅帯では、羽根が特徴的な結びはハリのある素材、背中に付く結びは柔らかい素材のものを

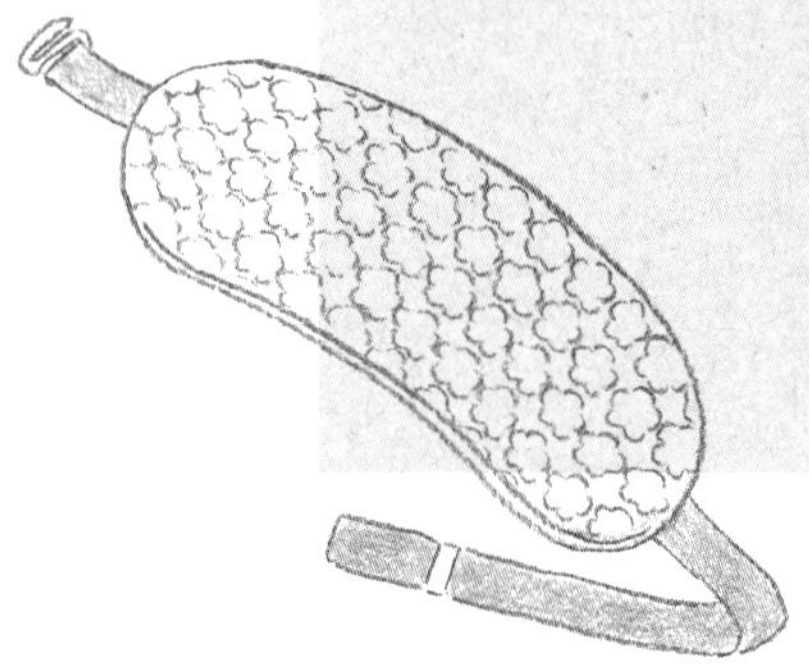

とても結びやすい帯と、ちょっと結びにくいと思う帯がありますよね。その差の多くは帯のハリに関係します。

九寸名古屋帯であればなかに入れている芯の固さ、柔らかさの差です。さらにこの差が、帯のかたちにも関係してきます。九寸名古屋帯の柔らかい帯だとお太鼓の山に丸みが出て、織りがしっかりした八寸名古屋帯だとキリッとしたラインになります。最近人気の銀座結びは、博多帯などハリのある帯だと角がキリッと立ち、きれいなかたちができます。しかし、芯が柔らかい染めの九寸帯など、ヤワヤワな素材だとタレたかたちになりがちです。

半幅帯でも羽根がポイントの結び方は、ハリのある素材だと立体的でキュートな仕上がりになります。矢の字や貝の口など、体に沿うような結び方のものは、逆に固すぎない素材が体になじんで仕上がりが自然です。帯に限りませんが、きものにおいて素材を知ることは大事なことです。

「まだヘタで、きれいなかたちができない」と言う人がいますが、決して帯結びの上手い下手ばかりではありません。帯の素材を選んでみてください。

「うまくかたちがつくれない」

≫

帯の素材の向き不向きがあります

ハリのない帯だと落ち着いた雰囲気に

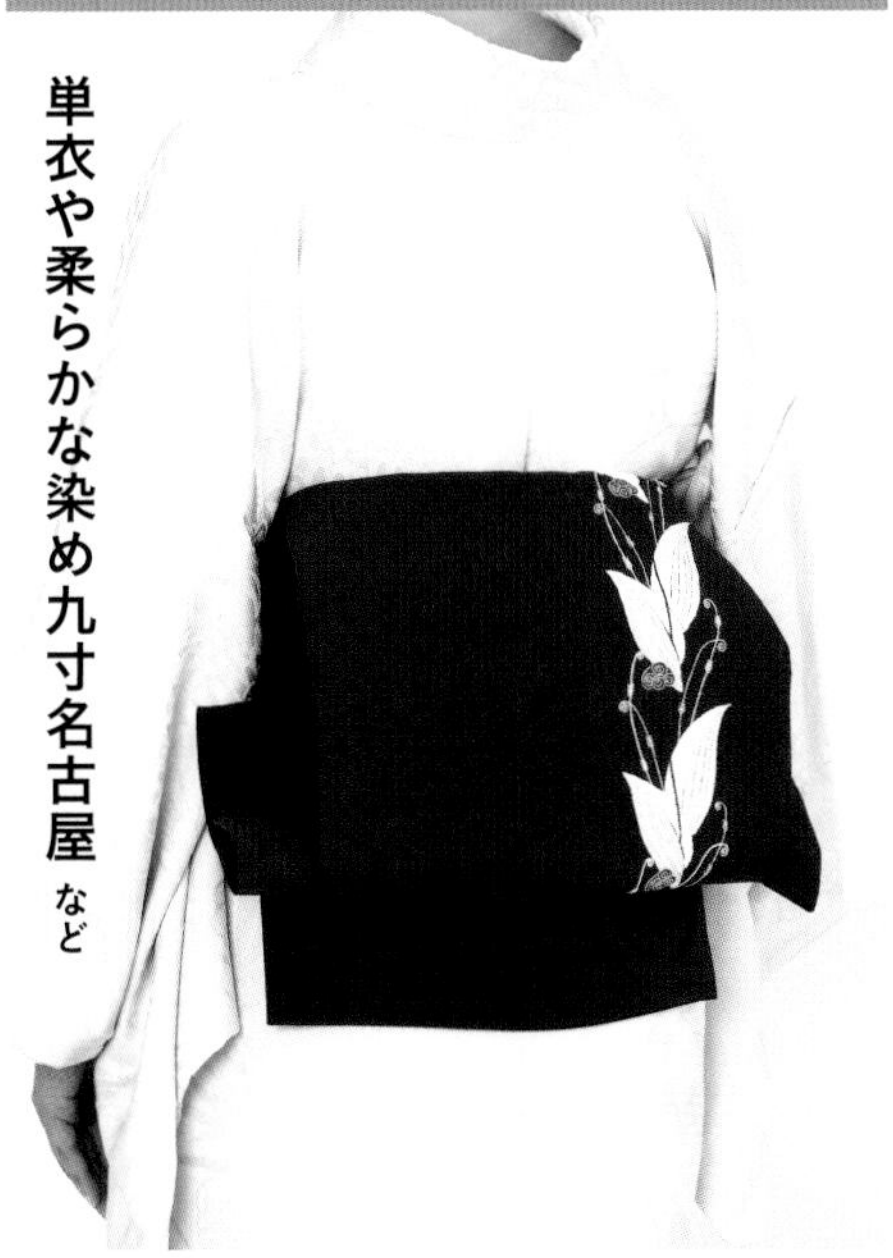

単衣や柔らかな染め九寸名古屋 など

染めの九寸帯で芯の柔らかいものは、角のハリ感がないので、垂れ気味で、落ち着いたかたちになります。

角出しをパキッと結びたいならハリのある帯で

博多帯や、ハリのある八寸帯 など

ハリのある帯の代表的なものが、博多帯。銀座結びの角もピンと立って、かたちがシャープに決まります。

ハリがほどほどの帯

半幅帯

折り紙のように折りたたむ平面的帯結びは、あまりハリが強くないほうが体に沿って落ち着きます。

ハリのある兵児帯

兵児帯

兵児帯でもハリのある織り兵児帯は羽根がしっかり広がり、立体的なかたちに仕上がります。

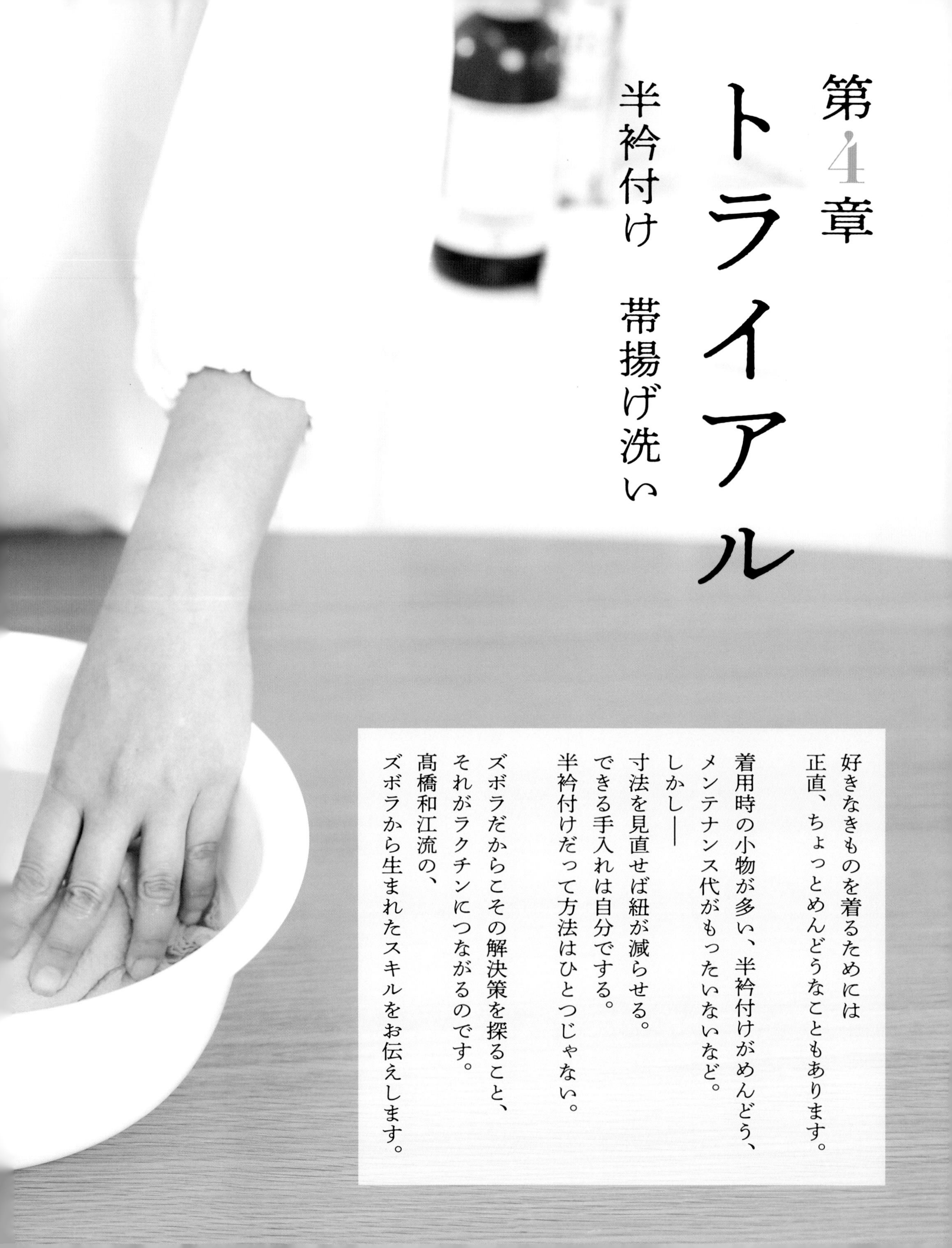

第4章　トライアル

半衿付け　帯揚げ洗い

好きなきものを着るためには
正直、ちょっとめんどうなこともあります。
着用時の小物が多い、半衿付けがめんどう、
メンテナンス代がもったいないなど。
しかし──
寸法を見直せば紐が減らせる。
できる手入れは自分でする。
半衿付けだって方法はひとつじゃない。

ズボラだからこその解決策を探ること、
それがラクチンにつながるのです。
髙橋和江流の、
ズボラから生まれたスキルをお伝えします。

1

半衿の付け方

きもの好きにとって半衿付けは避けて通れない小さな難所。様々な付け方がありますが、横着な私の、まち針を使わない半衿付けをご紹介します。ポイントは3つ。衿を体で押さえる。針は刺すのではなく横移動で布をすくうようにする。縫う順番を守る。縫い目もザクザクでいいのです。これでラクチン、きれいな仕上がりになります。半衿付けの億劫さが半減するはずです。

2

絹の洗い方

帯揚げなどの小物は、手で触ることが多いので汚れがちですね。何より気になるのが汗や体温による湿気。特にお太鼓をくるむ背中周辺は、季節に関係なくお太鼓を外したときにしっとりしています。正絹の帯揚げは頻繁に洗うものではありませんが、気になるときは洗ってさっぱりさせて使ってください。水洗いと溶剤を使ったドライクリーニングの2つの方法をお教えします。

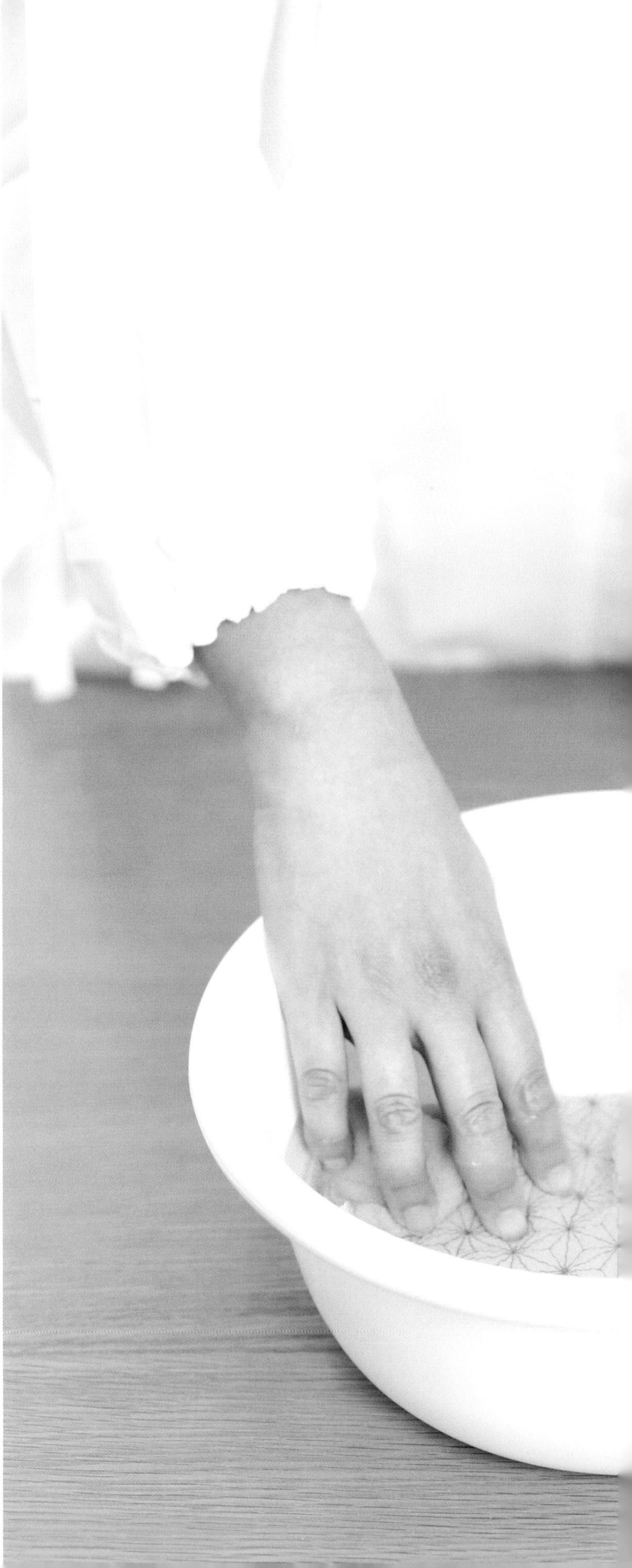

1

半衿の付け方

かんたんできれいな半衿付けのコツ

高橋和江ナビ

- ひっぱりながら縫うとまち針要らず
- 針は刺すのではなく、すくうように縫います

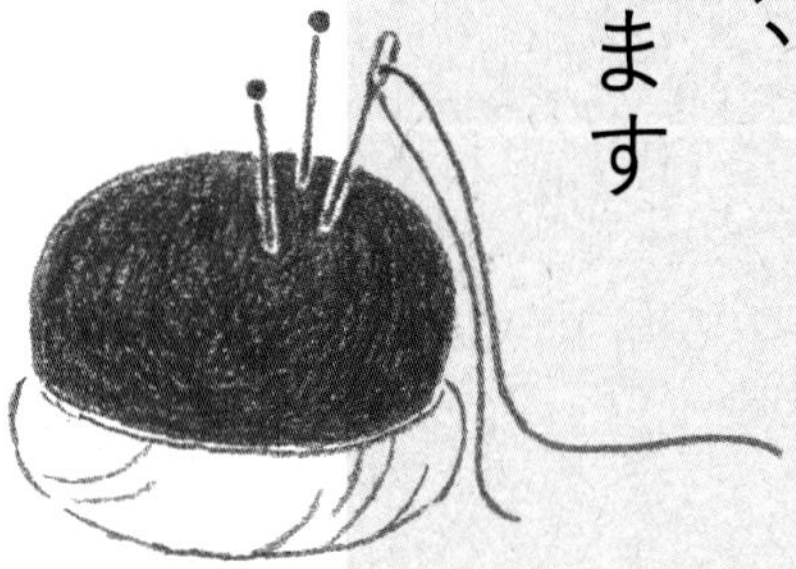

毎日きものを着ている私ですが、元がズボラなので、めんどうだな……と思うことは、正直いくつもあります。半衿付けもそのなかのひとつです。このめんどうを何とかしたいという気持ちと、一度付けた半衿をいちいち外さず洗えたらもっとラクチンなのに——などというズボラ気質がうそつき衿に行き着きました。

とはいうものの、半衿をまったく付けないですむわけではありません。うそつき衿でもコーディネートで付け替えしますし、季節で付け替えもします。めんどうであっても半衿なくしてきもの姿の完成はありません。頻度が高い手間こそかんたんにすませたい。そう思いませんか。

必要は発明の母と言いますが、私にとってズボラはまさに工夫の母。半衿付けで私がめんどうだと思うところは縫い始める前の下準備。まち針を使わないと、針に糸を通すだけですぐに縫いはじめられます。そのためには自分の座り方、ポジションが大切です。そして、もうひとつ。お針が苦手な人ほど、半衿の素材は絹がオススメです。絹は伸びるので、多少下手でもきれいに付きます。ぜひお試しください。

まずこの半衿付けのポジションをインプット

（正座では膝下で襦袢を押さえます）

衿は体に平行に

縫い始めたら、衿は体に対してなるべく平行になるようにします。

左手は常に張らせておくことが大事

半衿の端1〜2cm縫い代を折って襦袢の衿に重ねます。半衿を重ねた襦袢衿を持つ左手は、常にピンと張らせておくことが大切。めんどうでなければ縫い代の折り目にアイロンをかけておいてもいいでしょう。

最初は表側が見えるように

最初は襦袢の表が見えるように膝の上に乗せます。

衿先は腿で押さえる

半衿を重ねた襦袢の衿先が動かないように腿の下にしっかり入れて押さえます。

A〜Cコースの順番で縫っていきます

1 表側Aコース（一直線）

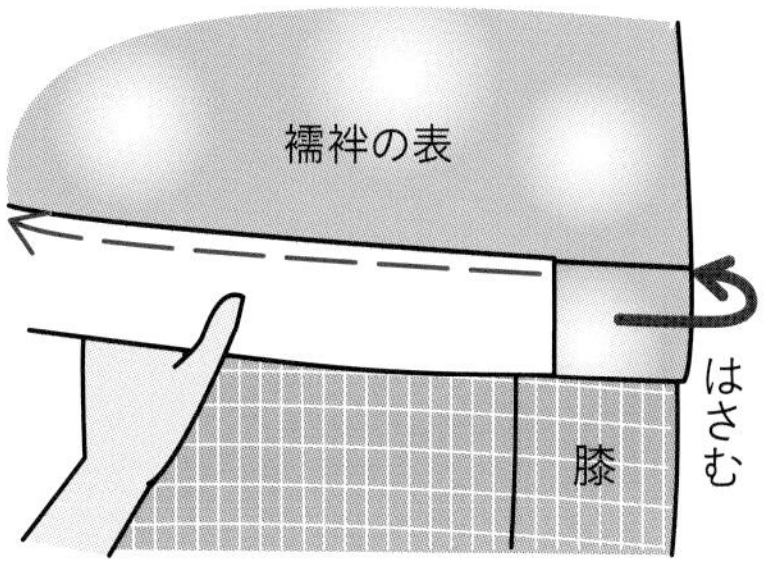

襦袢の表側が見えるように膝に乗せ、右の衿先を腿の下に挟み、上前から左に向かって一気に一直線に縫います。

2 内側Bコース（背縫いから半分）

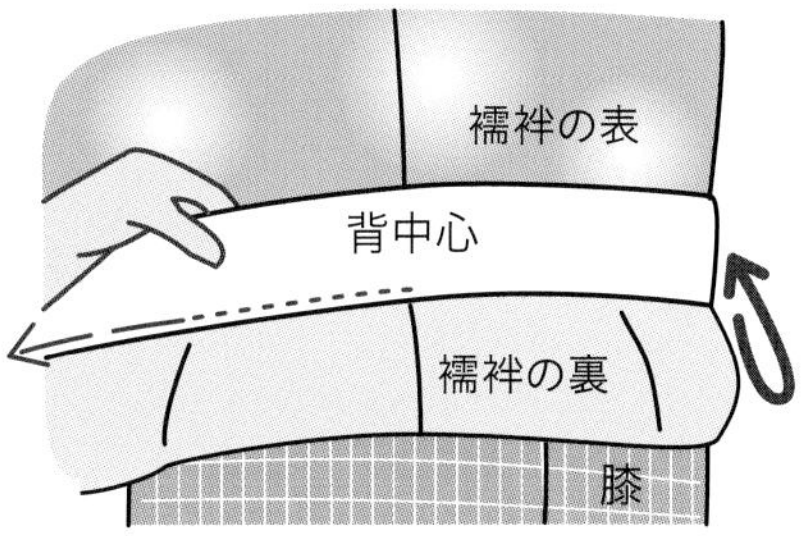

表側Aコースを縫い終えたら衿を向こうに倒し、背中心から左側に衿先まで縫います。肩山までは布をたるませず細かく縫います。

3 内側Cコース（背縫いから半分）

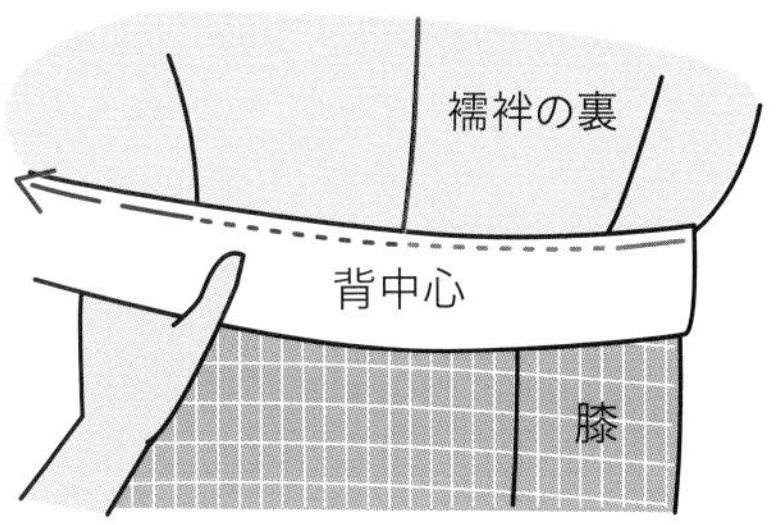

襦袢を裏返して2と同様、背中心から左側に縫っていきます。肩山を越えたら1と同じ間隔の針目でOKです。

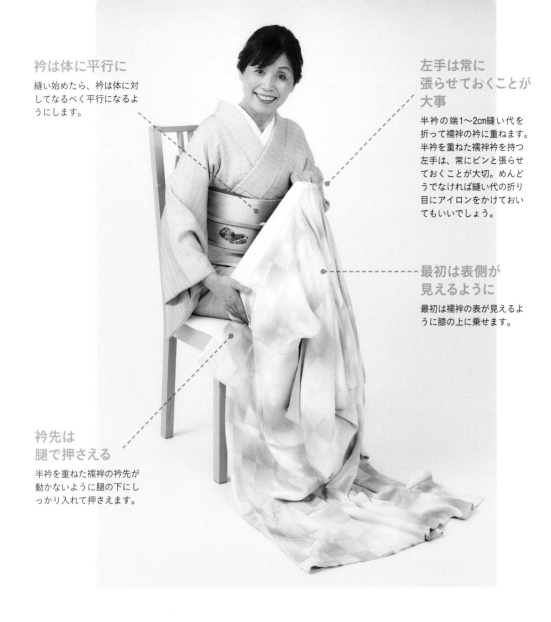

表側Aコースを一直線に縫ったら衿を倒して内側Bコースを縫います

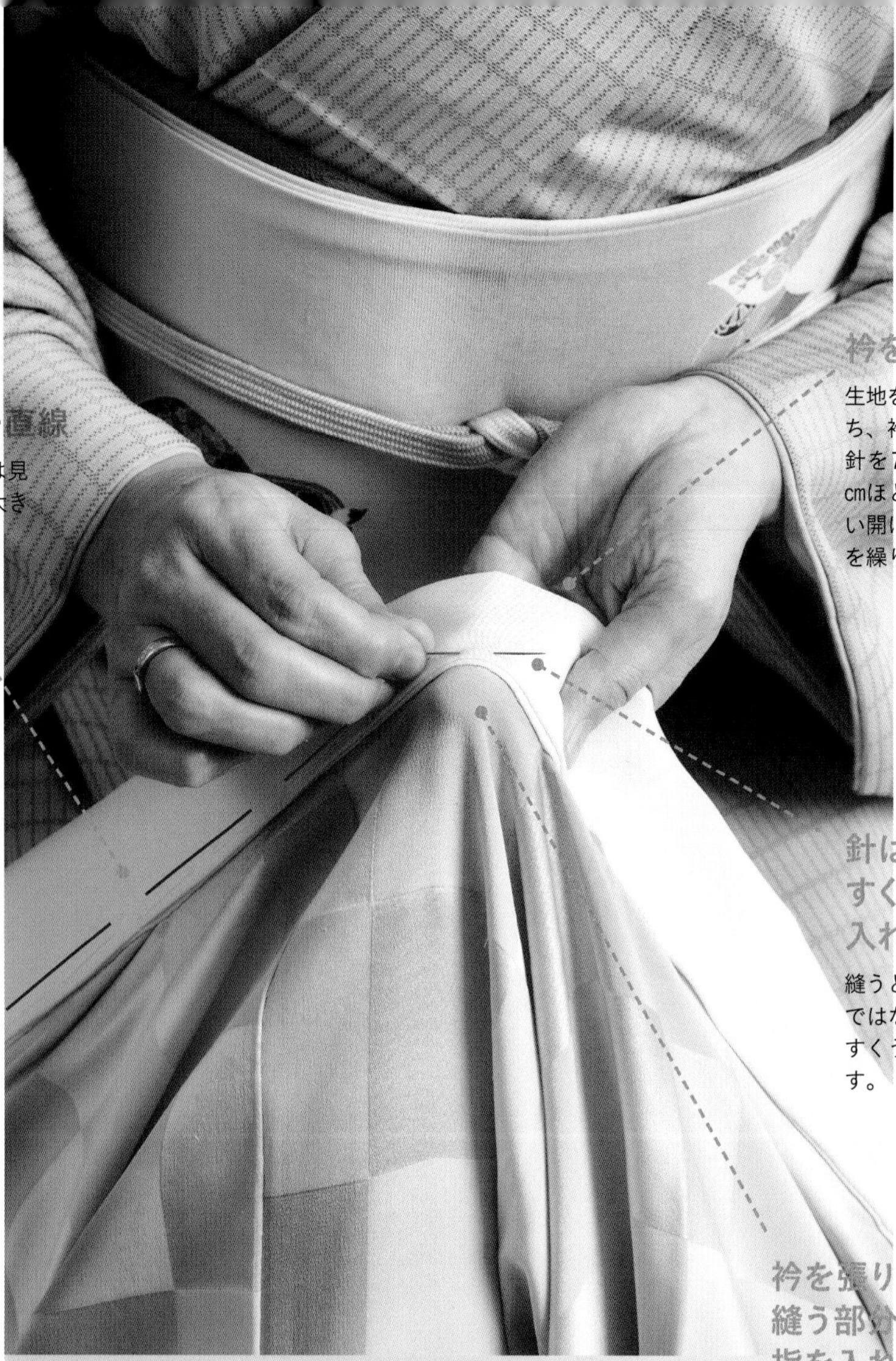

**表側は
ザクザクと一直線**

Aコースの縫い目は見えないのでかなり大きな針目でOKです。

衿をしっかり張る

生地を左手で引っ張るように持ち、衿をしっかり張りながら、針を7mmくらい内側を通して1cmほどすくい、外側は5cmくらい開けてまた内側をすくう運針を繰り返し、縫い進めます。

**針は刺すのではなく、
すくうように横に
入れるのがコツ**

縫うときの針は、上から刺すのではなく、斜め上から上2枚をすくうように入れるのがコツです。

**衿を張りつつ、
縫う部分の裏側も
指を入れて張る**

衿を張るとき、左手の中指の腹を縫う部分の裏側に入れて盛り上げるように張ると、縫いやすくなります。

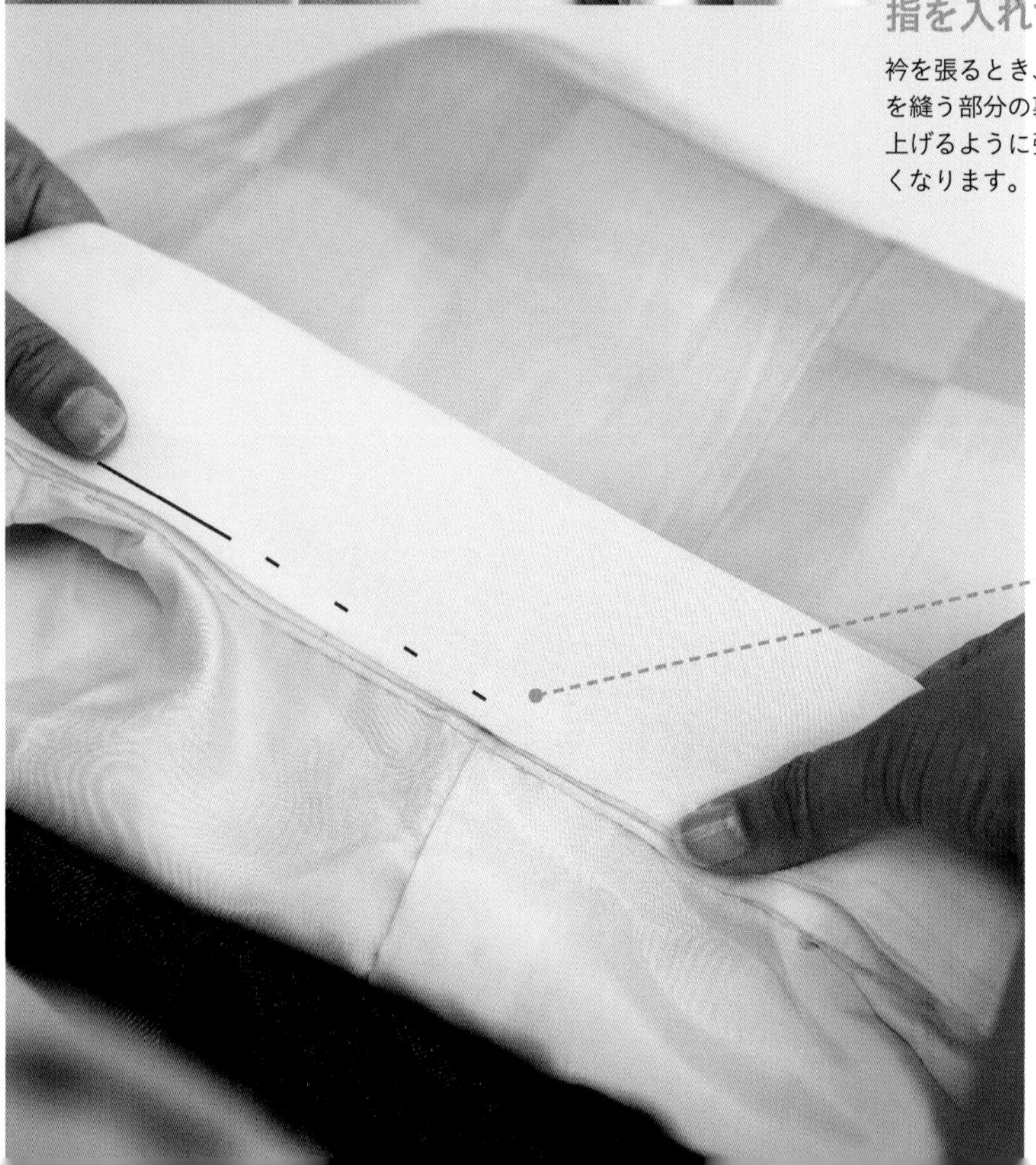

**内側Bコースは
衿を倒して縫います**

表側Aコースが終わったら、衿を向こうに倒して、もう一方の内側Bコースを縫っていきます。1〜1.5cmなかをすくって1〜2mm縫い目を出します。

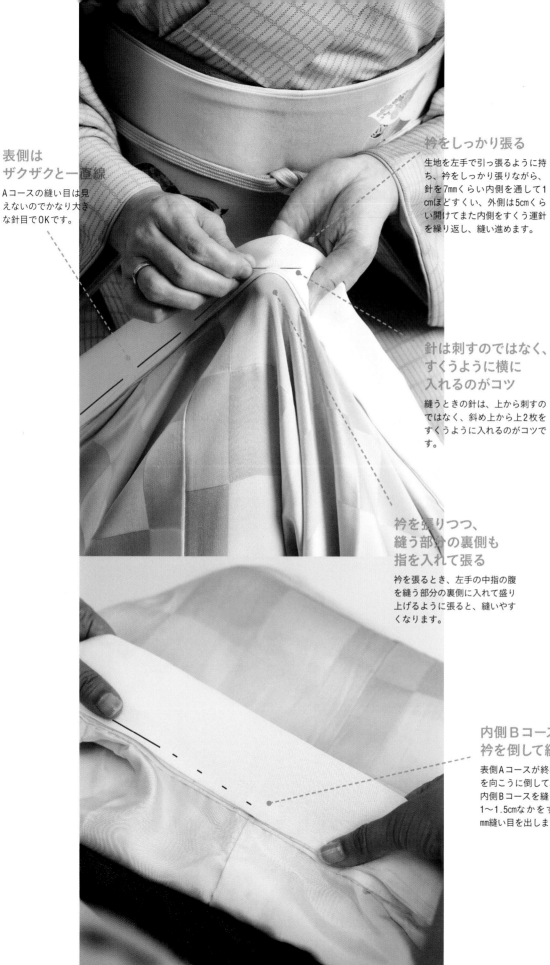

襦袢を裏返して内側Cコースを縫います

手を広げた程度の範囲は細かく縫います

内側は、Bコース同様、肩山の見えるところまでは細かく縫います。内側は布を張るように意識してください。

襦袢を裏返して内側を縫います

次にもう一方の内側を縫います。襦袢を裏返して体に平行に膝の上に置き、内側の襦袢の背中心から縫い始めます。使用する衿芯の幅に合わせて縫えば生地が張り、シワを軽減できます。

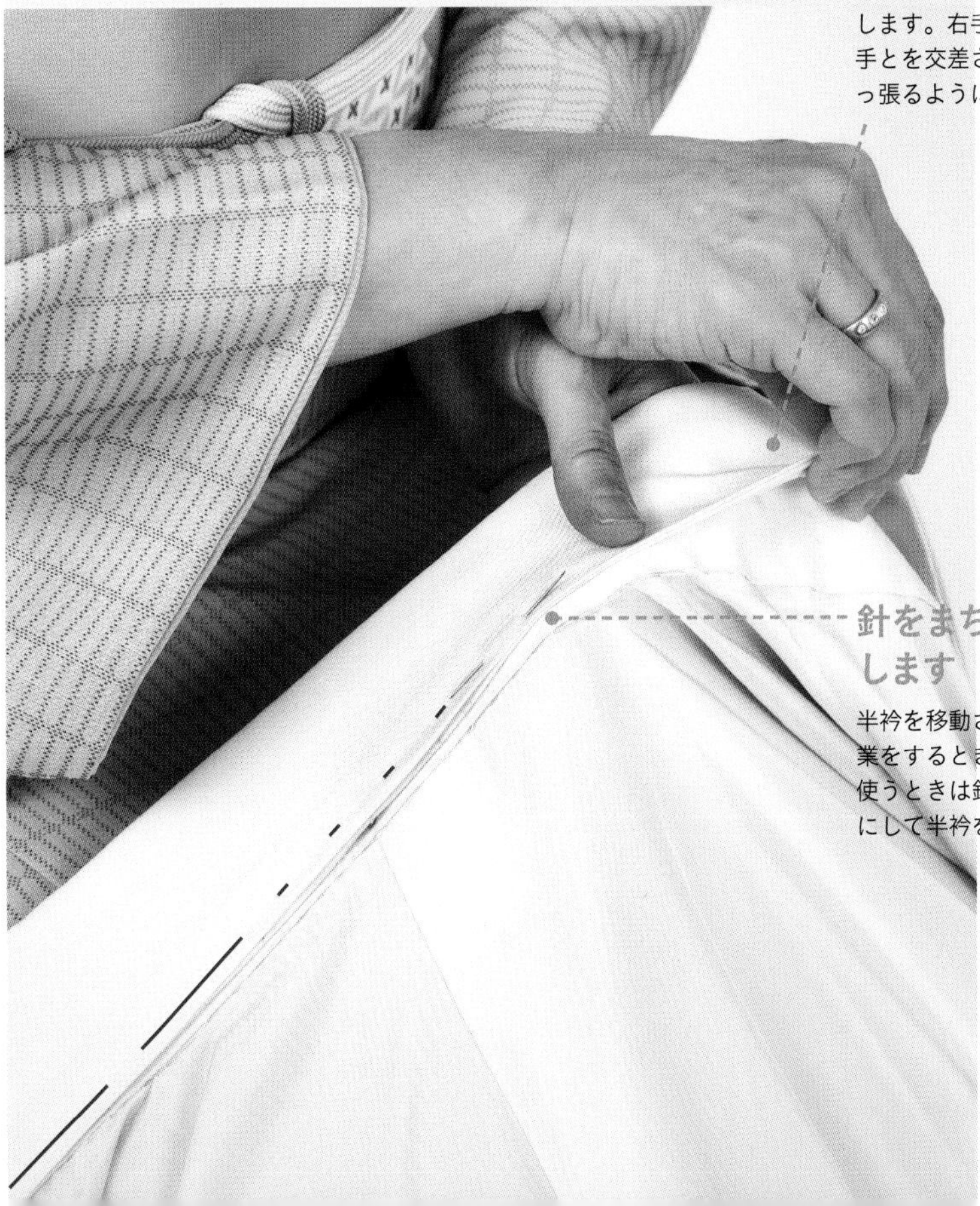

シワが出ないようにするコツ

ある程度縫って、次へ移動するときは、一度半衿を張り直します。右手と衿を持った左手とを交差させて、半衿を引っ張るようにします。

針をまち針代わりにします

半衿を移動させたり、張る作業をするときなど、利き手を使うときは針をまち針代わりにして半衿を留めておきます。

だぶついたらピン留めの裏技

完成後、衿がだぶついてしまったら、衿芯を入れてピンと張った状態で衿先を安全ピンで留めます。

2 絹の洗い方

帯揚げを洗ってみましょう

髙橋和江ナビ

●汗は水洗いでなければ抜けません

●皮脂汚れは溶剤で落とします

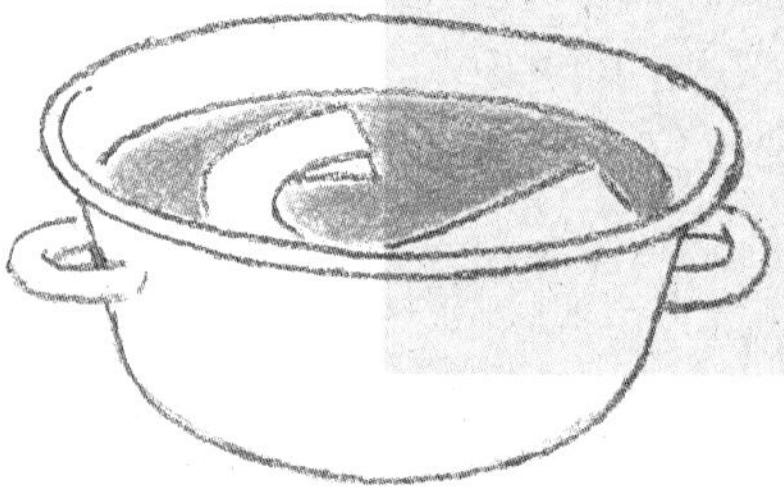

「絹を洗う」というと、ほとんどの方が躊躇します。しかし、プロに任せたほうがよい手入れと、自分でできる手入れ――その区別がつけば、きもののおうちでの手入れもそう怖くはありません。

まずは練習のつもりで正絹の帯揚げ洗いにトライしてみてください。帯揚げは手でよく触るので、全体に汚れていくものです。特に気になるのは汗ジミ。ここでは、水洗いと溶剤（ドライクリーニング）を使った洗い方を紹介します。この2つは洗浄力の違いがあります。皮脂や食品を含めた油分の汚れは溶剤である程度落ちますが、汗は水洗いでなければ抜けません。きものや洋服であっても同様です。きものの丸洗いはドライクリーニングのことで、油分の汚れは落ちても汗は抜けないので注意してくださいね。

帯揚げ以外でも、木綿や麻のきものの洗濯、衿の汚れ落としなど、できる手入れは自分でしてみましょう。お手入れ代もかかりません。詳しく知りたい方は拙著『大人気の悉皆屋さんが教える！　着物まわりのお手入れ　決定版』（河出書房新社）もご参照くださいね。

皮脂汚れ

溶剤を使う洗い方

いわゆるドライクリーニングになります。水洗いできない絹の帯揚げも、この溶剤を使った洗い方なら洗うことができます。汗抜きはできませんが、手から付いた皮脂汚れや、油分を含んだ食べ物のシミなどはこの洗い方で落とすことができます。

用意するもの

- 揮発性のしみ抜き用溶剤リグロイン（ベンジンなどでも可）※薬局やネットで購入できます。
- 広口で蓋付きの瓶

汗抜き

水洗い

最初は水で洗うことをちょっと怖いと思うかもしれませんが、難しいことはありません。ポイントは洗剤を水によく溶かすことと、アイロンがけ。このコツを伝授します。ただ、絹物は木綿と違ってしょっちゅう洗うものでないことは留意してくださいね。

用意するもの

- 洗面器などの洗い桶
- 中性洗剤（おしゃれ着洗い用洗剤）

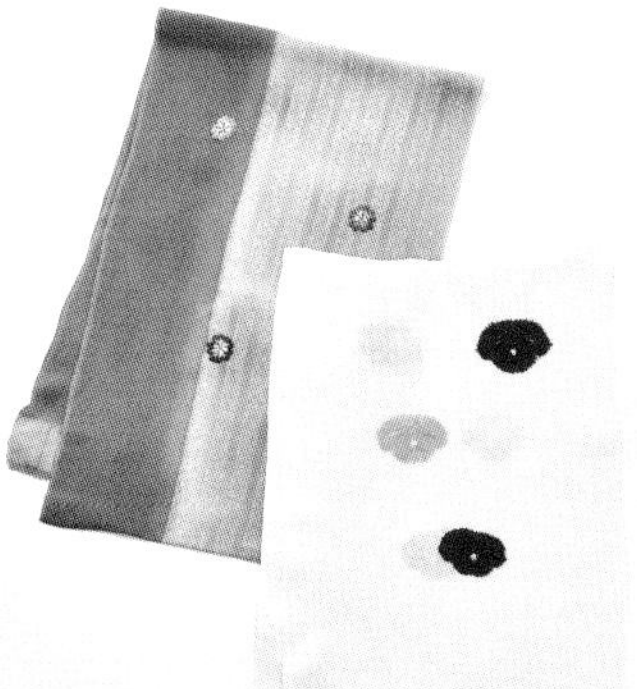

水洗いができない帯揚げ

金糸銀糸や刺繍が入っているものや、白地に絞りが施してあるものは避けましょう。刺繍糸が傷んだり、色落ちして地色の白に色移りする場合があるので、こういうタイプは水洗いに向きません。溶剤を使った洗い方はできます。

水洗い

汗や水分の汚れ

帯揚げの水洗いをしてみましょう

1 洗剤をよく溶かした水に、フワッと軽くたたんだ帯揚げを浸し、やさしく押し洗いをします。揉んだりこすったりするのは厳禁です。

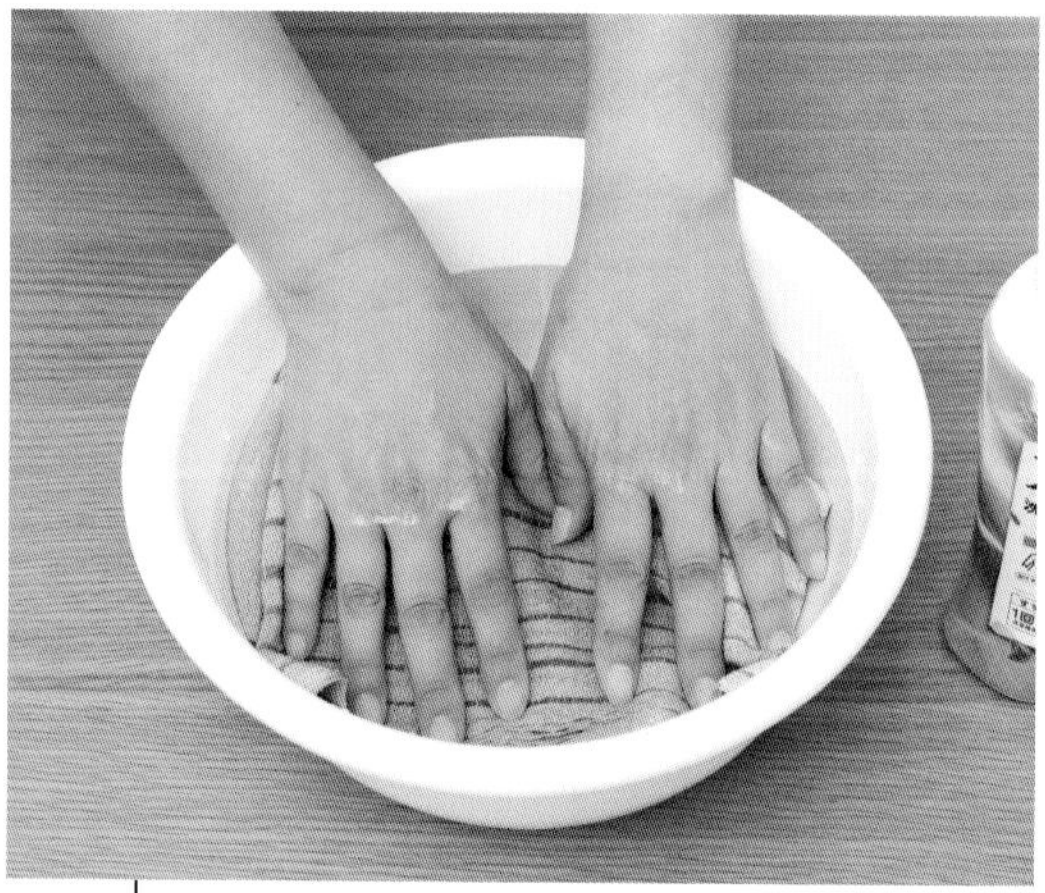

2 洗剤の入った水を捨て、新しい水で何回か押し洗いをしてすすぎます。

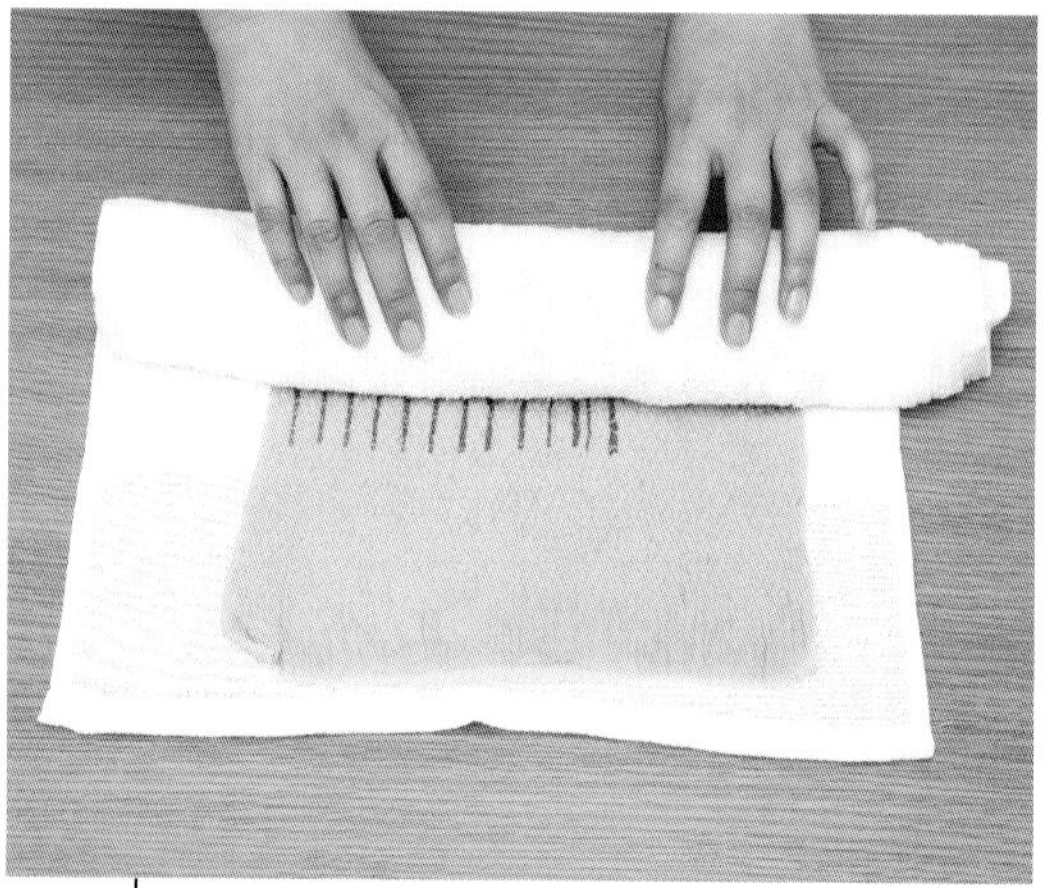

3 洗い桶から帯揚げを取り出して、握るようにして軽く水を切り、きれいなタオルに置きます。そのままタオルごと海苔巻きのように丸めていきます（洗濯機なら脱水1分以内）。

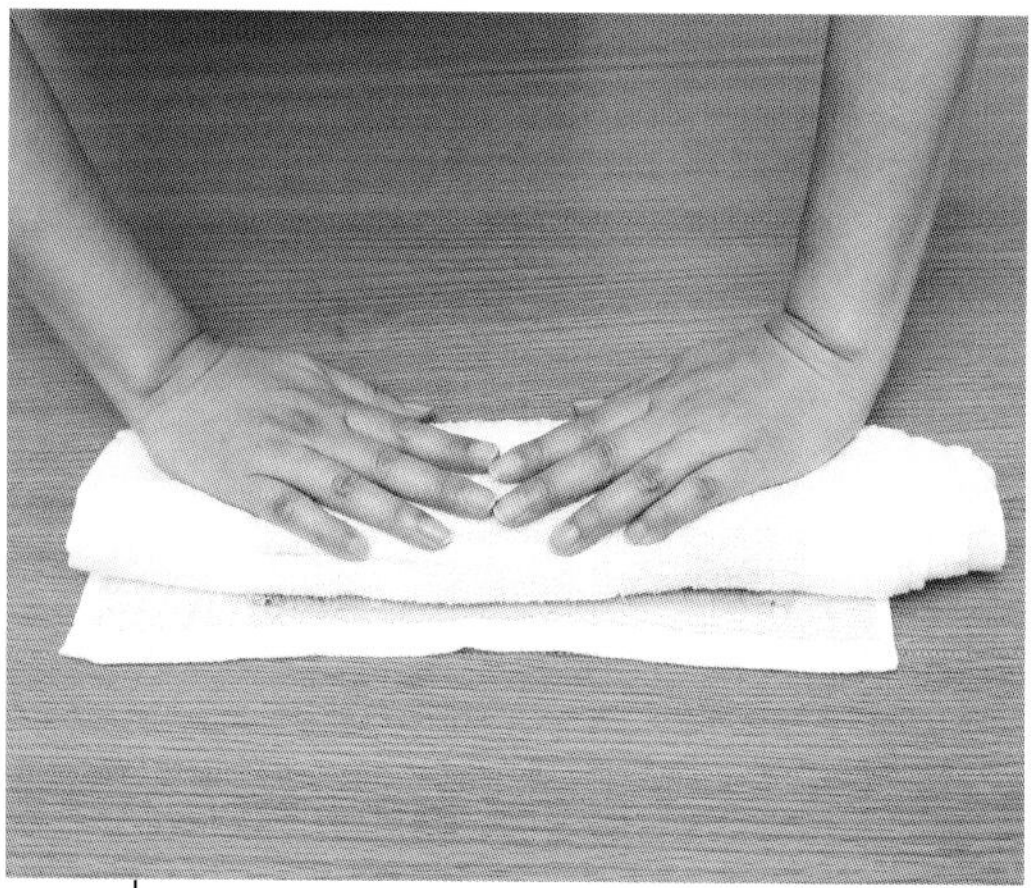

4 上から押して帯揚げの水気を取ります。このあとは間をおかずにアイロンをかけるようにします。

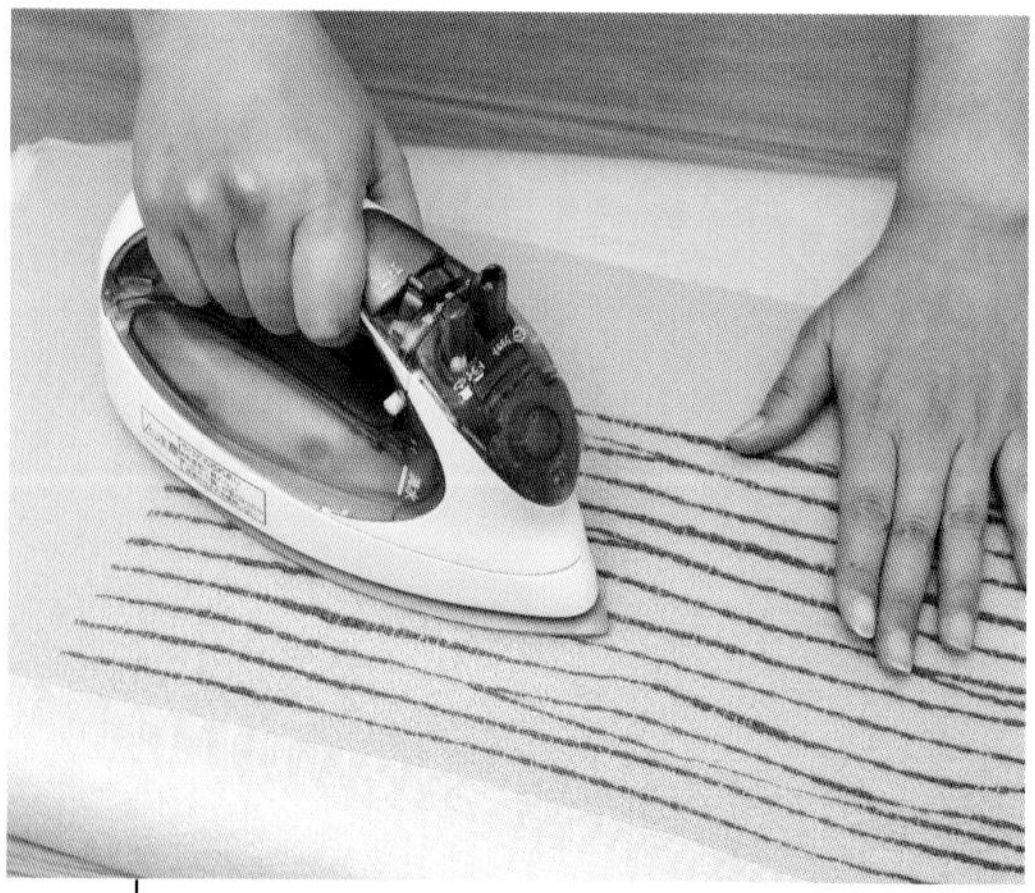

5 事前にアイロンの底とアイロン台に汚れが付いていないことを確認しておきます。アイロンの温度は中温にします。帯揚げが濡れている状態ですぐに生地幅を伸ばしながらアイロンをかけ、大きさを整えます。

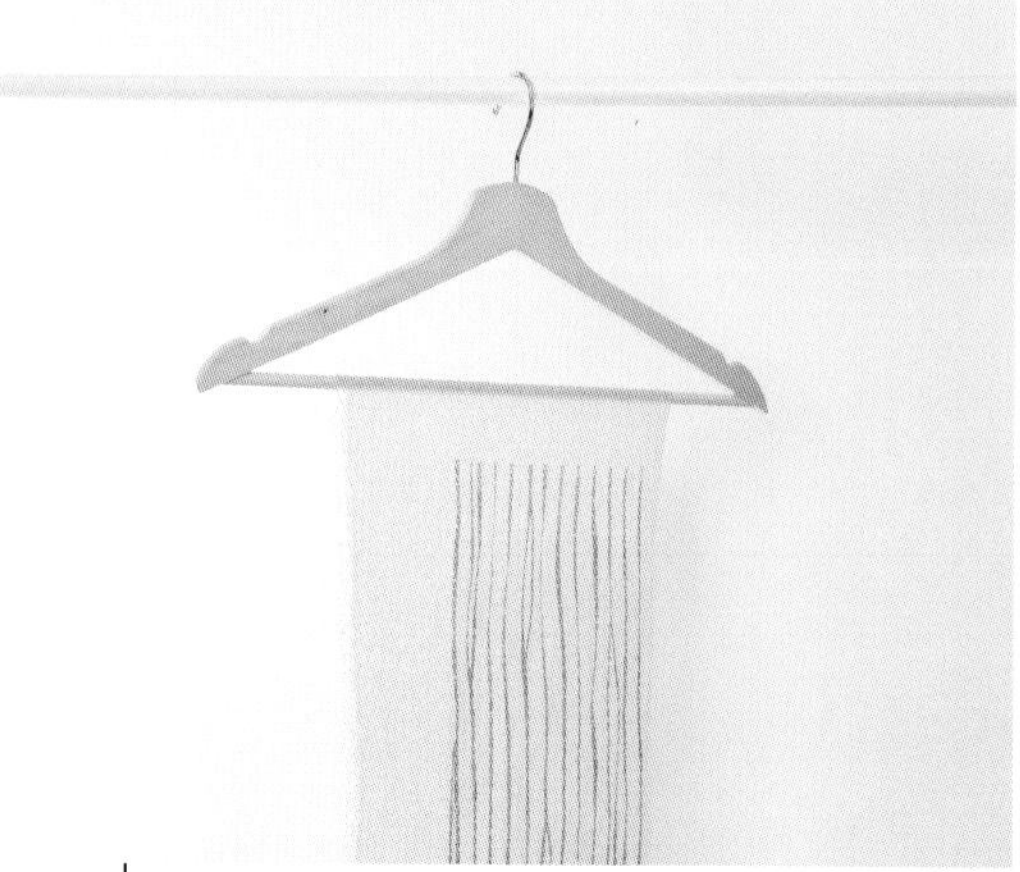

6 アイロンをかけてもまだ繊維の水分は抜け切っていないので、ハンガーにかけて干します。

溶剤洗い

皮脂や油分をふくんだ汚れ

帯揚げをドライクリーニングしてみましょう

※水洗い、溶剤洗いともに、洗うと絹のツヤは多少落ちます。

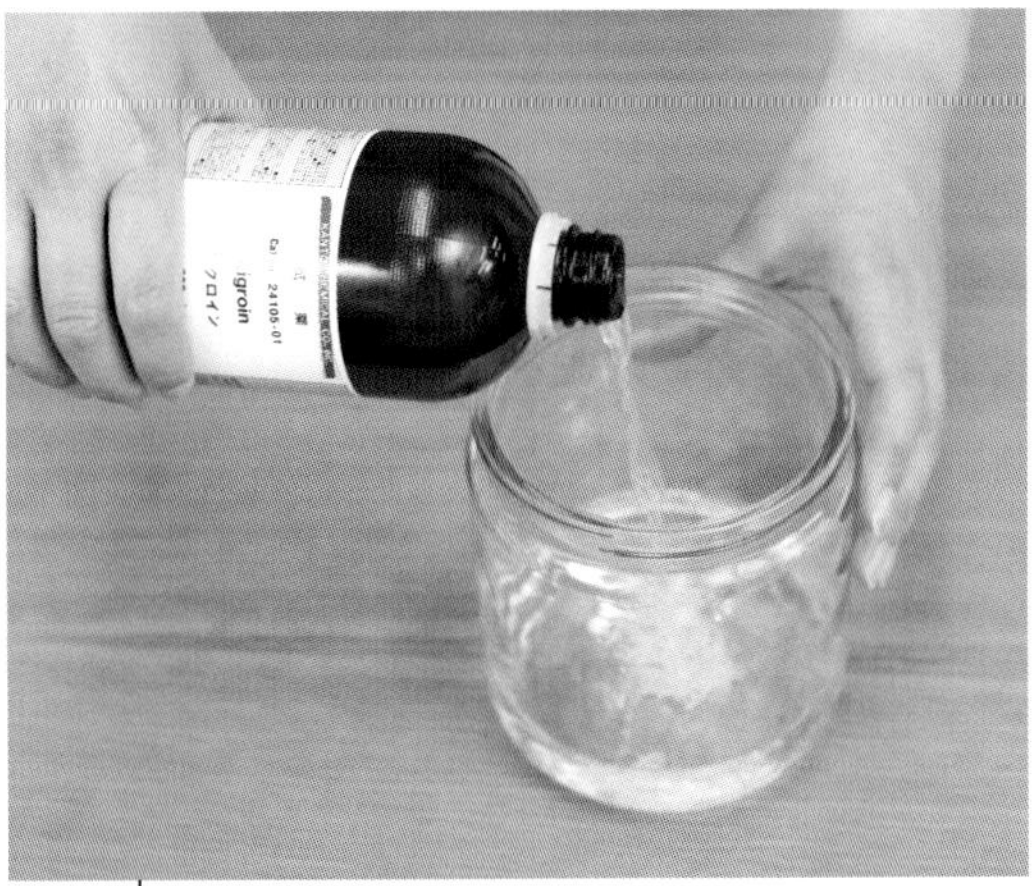

1 ガラス瓶にリグロインを⅓〜半分くらいまで入れます。

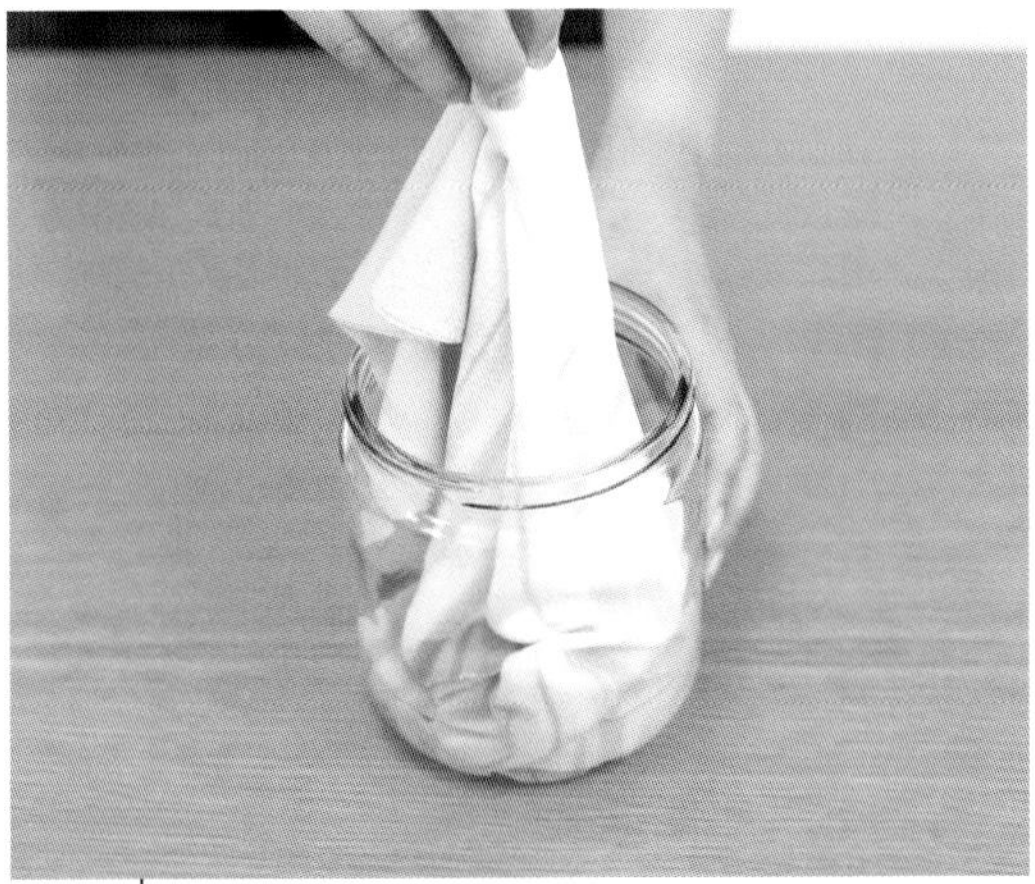

2 リグロインを入れた瓶に、たたまずにある程度クシャクシャのまま帯揚げを入れます。

3 ガラス瓶の蓋をしてシェーカーのように何度も振ります。この作業で汚れを落とします。

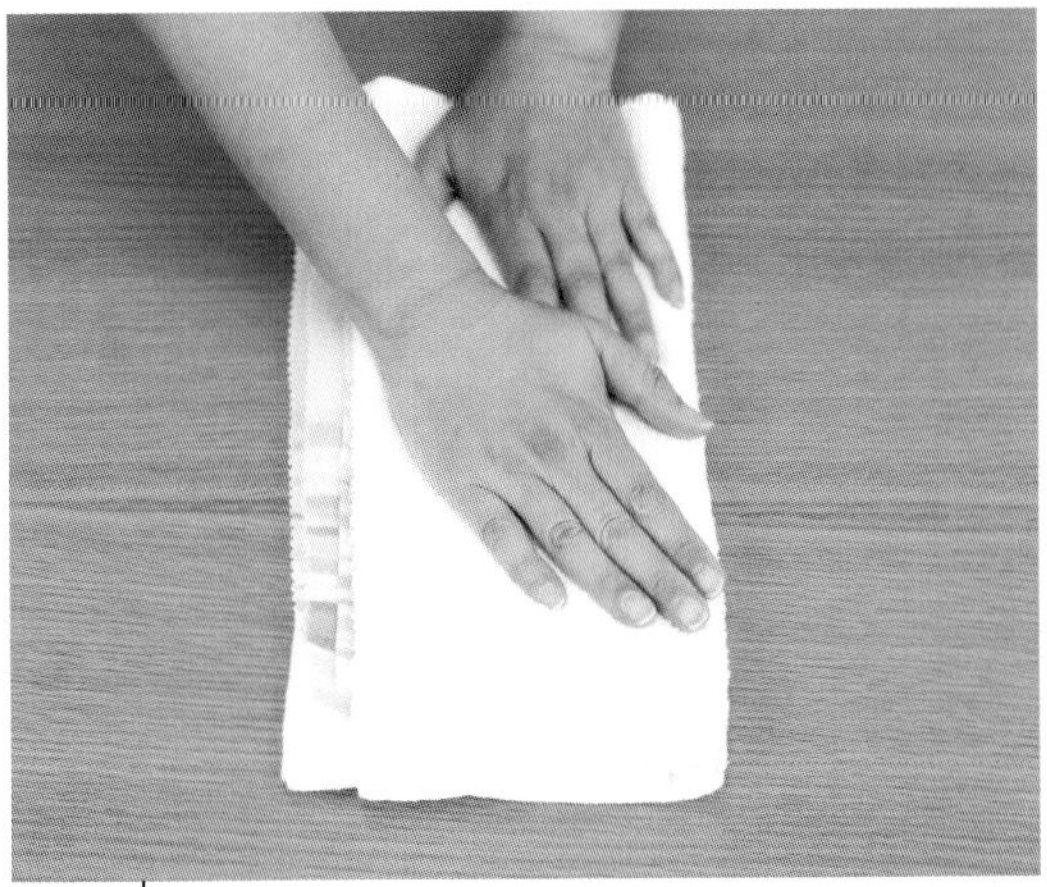

4 帯揚げをガラス瓶から取り出し、きれいなタオルに乗せて挟み、リグロインを吸い取ります。

5 残ったリグロインを完全に揮発させるため、ハンガーにかけて干します。匂いが気にならなくなるまで放置します。

溶剤について：
取り扱いが難しいものではありませんが、下記に注意して行いましょう。

- 揮発剤特有の匂いがするので換気をして行いましょう。
- 手が荒れやすい人はゴム手袋を着用します。
- 火気のある場所は避けます。
- 使って残った溶剤は何度か繰り返し使うことができます。溶剤に汚れが移って濁りがでてきたら廃棄します。
廃棄は自然蒸発がベスト。匂いが気にならない屋外の場所に置き、蓋を外した状態で放置します。

おわりに

この本で4冊目の出版になります。今までの3冊は有難いことにお声をかけていただいたものです。ですが今回は初めて「こういう本を出したい」と、自分から企画を提案しました。

なぜこの本をそんなに出したかったのかというと――とにかく、多くの人に、何ものにも縛られずに自由にきものを楽しんでほしかったからです。さらには、自由であっても一過性のファッションではなく、審美眼や価値観をも含めて、生涯を通して追究し続けられるものとして、きものを皆さんの生活に取り入れていただけたら、この上なくうれしいと考えたからです。

話は変わりますが、私は会社の経営者でもあります。いつも頭にあるのは会社の存在意義についてです。それを企業理念として掲げている会社は多いと思います。しかし、経営は目先の売り上げや評判などについ振り回されがちになるものです。そして、いつの間にか掲げている志（理念）からブレていくことが往々にしてあります。元の志は何だったのか――本当に大切にしなくてはならないものを見失うと、それは決してよい結果を生まないものです。

実はきものを着る人にもそれをずっと感じてきました。「きものが好き、自分の生活にきものを取り入れて心豊かな人生を楽しみたい」――それが目的（志）だとすれば、そこに近づくための手段（着付けを習う、きものを入手するなど）を用いて、まずは自分で着ることなどを目標にちょっと頑張るわけですが、ここが問題の発端になることが多いのです。どういうことかと言いますと、きものを着ようと思ったときにほとんどの人は初心者として入り口に立ちます。このとき、「私はきものについて何も知識がない」という劣等感を持って入ってきます。その気持ちは恐れとなって、いつの間にか着付けの先生の価値観や世間の目を通して自分のきものライフを構築しがちになり、本来の気持ちからブレていくのです。その証拠に、自由度の高い都会より、人の目を気にする地方に行くほどその感覚は強いのです。

単純に「きものを楽しみたい」という目的のはずなのに――本来の自分の気持ちより、人の目や世間の物差しを優先させてはいませんか？

きものは素材も織りも染めも、それぞれ味わいがあり、その魅力はかけがえのないものです。つくり手の想い、また紡がれてきた歴史や風土など、言い表せないほどのものが、糸に、布に、込められています。そんなきものに抱擁される心地よさは、何にも代えがたい感覚だと思います。

きものの魅力とは潜在意識にまで訴えるようなもので、顕在意識でとらえられる範囲を超えた奥深さがあるのではと思うほど、きものには不思議な魅力があります。そして自分のために、誰かのためにきものを着る意味を考えたとき、「日常きもの」と「しきたりきもの」をきちんと分けて考えることで、きっと本来の目的を見失わずに着たいきものに辿り着けるのでは、と考えました。一人でも多くの方が、自己表現のアイテムとして心からきものを楽しんでいただければ幸いです。

最後に、初著書からお付き合いくださっている河出書房新社の竹下純子様、私にはなくてはならない存在の『月刊アレコレ』編集長・細野美也子様、他多くの方のご協力に、心から感謝いたします。

STAFF

編集・ライター　細野美也子

デザイン　若井夏澄
写真　katomi　渡部瑞穂
イラスト　野村彩子　星わにこ　木越まり
モデル　あすか　トムラヨウコ
着付け　大竹恵理子
ヘアメイク　石原桃子

協力　(株)スタジオ アレコレ　hibicolle

きものの不安をスッキリ解決！
きものの「しきたり」がわかれば、「日常」でも自由に楽しめる

2021年2月18日　初版印刷
2021年2月28日　初版発行

著　者　髙橋和江

発行者　小野寺優

発行所　株式会社河出書房新社
〒151-0051
東京都渋谷区千駄ヶ谷2-32-2
電話　03-3404-1201（営業）
　　　03-3404-8611（編集）
http://www.kawade.co.jp/

印刷・製本　凸版印刷株式会社

Printed in Japan
ISBN978-4-309-28868-0